星球研究所 著

少年中国地理

4

北方大地

北方大地

穿越1万年看中国

CHINA

特别鸣谢

为本书提供影像作品的
全体机构和摄影师们！

鲜活的中国地理

"到各地去看看"，相信这是所有孩子共同的向往，我小时候也这样想。我中学毕业是在 20 世纪 50 年代初，有的同学考大学报地理专业，就是想到各地去看看，现在管这叫"旅游"。

旅游的讲究可大了，各人旅游的收益可以大不相同。苏东坡写过"庐山烟雨浙江潮"的诗，没有去过的时候难受得"恨不消"，真去了发现也就那么回事。外行看热闹，内行看门道，关键在于有没有看到"门道"。有的人旅游就是拍纪念照、买纪念品，但是也有人一路看一路问，回来有说不完的感想。旅游不仅是休闲，假如出去前做准备，回来后做整理，那旅游就成了一种学习。

这就很像古代的"游学"，读万卷书，行万里路，开阔视野，体验人生。其实世界上最初的教育就是"游学"，课堂教育是后来的事。孔子授课就不用教室，许多大学者也都有游学的经历。司马迁 20 岁左右就开始游各地的名山大川，正因为有了一生三次远游的经历，他的《史记》才会写得如此成功。

古代游学之风相当盛行，"仰观宇宙之大，俯察品类之盛"，属于治学的重要环节。如今随着技术的发展，"游学"的方式早已今非昔比。有了摄影技术、网络技术，已经可以通过图书"居家游学"，或者通过云课堂"在线游学"，效率大为提高。放在你面前的这套《少年中国地理》，就是陪你"居家游学"的图书。

《少年中国地理》是美丽和智慧交织的产物，精美的图片配上启迪性的知识，每一幅美丽山水的背后，都蕴含着一番科学的道理。这种"游学"补充了课堂教育的不足，可以将地质地理、水文气象、动物植物，甚至于历史考古的知识融为一体，渗透在锦绣山河的美景里，让你在听故事、问道理的过程中，不知不觉地增长见识。

从历史视角看地理，是这套书的一大特点。地理现象通常是从三维空间进行描述，然而《少年中国地理》别具慧眼，从地质构造演变、人类社会发展和当前国家建设三个时间尺度入手，探讨地理现象的来源，用动态演变取代静态描述，在四维时空里展现活的中国地理。

而这恰恰发挥了中国地理的长处。因为东亚大陆是拼起来的，两亿多年前华南板块和华北板块碰撞，四五千万年前印度洋板块和亚欧板块的碰撞，逐步演化形成了如今的三级阶梯地形。"一江春水向东流"的局面，是两三千万年前才出现的。因此，中国地貌本身就是一部移山倒海的活教材。

《少年中国地理》对各地人文历史的介绍，有助于孩子们理解中华民族壮大的过程。我们过于强调华夏文明的一元性，往往忽视了其逐步融合成长的历程。我们自称"炎黄子孙"，其实炎帝和黄帝就不见得是一家。应该歌颂的是我们祖先的凝聚力，将中原和边陲的部族逐步融合为一，才形成了世界上最大的民族。

"谁不说咱家乡好"，乡土地理向来是爱国爱家最有效的教育，而国内几十年来的突飞猛进，更是中国地理历史性的亮点。但是这种家国情怀是需要激发的。反差就是一种激发方式，宇航员回到地球时，会为享有地心吸引力而感到幸福；侨居海外的华人，更加能体会到强大祖国的可贵。另一种激发方式就是集中展现，像《少年中国地理》这样，把中华大地几十年巨变的真相，凝聚成图文放在我们面前。

有时候我们过分相信口头语言或者文字的力量，以为课堂上讲过的东西孩子们就该相信。其实依靠"灌输"的杠杆，虽然可以训练学生的适应力，却不见得真能打动他们的心，因为深入内心的教育只有通过启发这一条途径。高质量的图书和视频，是新技术支持下进行新型教育的好形式。学生自己看、自己听，从真人真事里得出结论，比考试压力下的教育有效得多。这也正是我们欢呼《少年中国地理》出版的原因。

教育的最高原则在于一个"真"字，应试教育的负面效应之一，就是容易误导学生去说套话、说假话，其实那是教育事业的"癌症"。近代教育家陶行知先生说过，千教万教教人求真，千学万学学做真人。衷心祝贺《少年中国地理》的出版，希望这套图书有助于推行"真"的教育，教同学们说真话，求真理，做真人。

中国科学院院士
汪品先

2022 年 6 月 30 日

以中国山河，致中国少年

地理对青少年的意义，不言而喻！它是青少年探索世界、认知世界的重要途径之一。

星球研究所创立至今已有 6 年。6 年间，我们一直致力于用极致的科普作品，和读者一起探索极致世界，解构世间万物。从 2019 年起，我们陆续出版了典藏级国民地理书"这里是中国"系列，受到了很多读者的喜爱，也获得了非常多的奖项，这让我们倍感荣幸。

在这个过程中，我们收到了许多父母、孩子的留言，他们表达了对地理的热爱，以及期望星球研究所能出版专门针对青少年的科普书籍的愿望。一位家长还分享了他用家庭投影仪给孩子投放星球研究所文章与视频的经历。

这让我们印象十分深刻，也很感动。我们逐渐认识到出版一套专门针对青少年的中国地理科普全书，是必要的。

因为中国地理的丰富，确实值得每一个中国少年去了解！

你知道中国是"万岛之国"吗？

中国不只有海南岛、台湾岛这些知名的大岛，我国总计拥有海岛超过 11000 个[1]，还有许多有待我们了解。

你知道中国西部有一个"冰冻星球"吗？

那里生长着 5.3 万条冰川[2]，冰储量可以装满 100 多个三峡水库[3]。中国是全球中低纬度冰川规模最大的国家。

你知道中国曾发生过超级火山喷发吗？

大约 1000 年前，位于东北的火山——长白山发生了一次超级喷发。火山灰还漂洋过海，如雪花般散落在日本。也正是在这次喷发的基础上，才诞生了如今中国最深的湖泊——长白山天池。

---

1 数据源自自然资源部2018年发布的《2017年海岛统计调查公报》，不含港澳台数据。
2 数据源自冉伟杰等人的《2017—2018年中国西部冰川编目数据集》一文。
3 数据源自刘时银等人的《基于第二次冰川编目的中国冰川现状》一文，中国冰川储量为4300～4700立方千米。而三峡水库的总库容量为39.3立方千米。

你知道中国拥有"地球之巅"吗？

青藏高原平均海拔超过 4000 米，地壳厚度可达 80 千米 [1]，是世界上最高、最厚、最年轻的高原。世界上海拔最高的山峰——珠穆朗玛峰，世界上海拔最高的山脉——喜马拉雅山脉，都位于这里。

你知道中国不只有一个"桂林山水"吗？

中国南方无数的石林、峰林、峰丛、溶洞、天坑，构成世界上规模最大、最壮观的喀斯特地貌分布区，涉及湖北、湖南、四川、重庆、贵州、云南、广西、广东等多个省（市、自治区），不仅许多地方有着类似桂林山水的美景，而且还有许多独特的喀斯特景观是桂林山水所没有的。

你知道中国真的是一个"红色国度"吗？

1000 余处以红色陡崖为主要特征的丹霞地貌，遍布中国 28 个省级行政区，江西龙虎山，安徽齐云山，福建大金湖、冠豸（zhài）山，浙江江郎山，湖南崀（làng）山，四川青城山、乐山大佛，甘肃崆峒山、麦积山皆是如此，可谓万山红遍 [2]。

你知道中国的黄土高原有多独特吗？

中国黄土高原地区 [3] 总面积多达 64 万平方千米，是世界上最大、最厚、最连续的黄土覆盖区。这些土质疏松、利于垦殖的黄土，正是孕育华夏文明的摇篮。

你知道中国是个"季风国度"吗？

我们拥有全球典型的季风气候。每年夏天，夏季风裹挟着水汽由南向北推进。由此在中国大地上，雨带随之进退，江河也随之涨落。而每年冬天，冬季风不断南下，往往带来寒潮。

你知道中国是"哺乳动物的王国"吗？

中国是世界上哺乳动物物种最多的国家之一，有 687 种 [4] 哺乳动物在这片土地和水域生存。

---

1 数据源自侯增谦等人的《青藏高原巨厚地壳：生长、加厚与演化》一文。
2 此处参考黄进等人的《中国丹霞地貌分布（上）》一文。
3 黄土高原的范围存在广义与狭义之分，广义的"黄土高原地区"大致在祁连山、贺兰山以东、阴山以南、秦岭以北，太行山、管涔山以西的广大地区。此处采用广义的概念。
4 数据源自中国科学院生物多样性委员会发布的《中国生物物种名录》2022版一书。

你知道中国自古以来就是"超级工程的国度"吗?

诸多大江大河、人口及资源的分布不均等诸多原因,使得中国大地上,从古至今,一直以大量超级工程著称。古有都江堰、隋唐大运河、京杭大运河,如今则有长江三峡水利枢纽、南水北调工程、西气东输工程,以及全球最大的林业生态工程——三北防护林等。

....

这真是一片神奇的土地!

中国少年,值得这样的中国山河!中国山河,也值得有更多热爱它、了解它的中国少年!而我们的任务,就是把中国山河用最好的方式呈现给中国少年!

于是,就有了这套《少年中国地理》。我们希望通过这套书,把中国的山河,摆到每一位中国少年的书架上。

但另一方面,中国山河的丰富,远远超出任何一套书的厚度,哪怕这套书有1300多页。

所以,我们更希望通过这套书,能激发每一位中国少年,由此亲身走进广阔的中国山河,做一个勇敢的中国地理探索者,这将是全中国最酷的事情之一!

请和我们一起继续那个梦想:

有一天,我们要将中国的雪山看遍。

有一天,我们要将中国的江河看遍。

有一天,我们要将中国的城市看遍。

....

这里的我们,也包括少年的你。

星球研究所所长

耿华军

2022年7月18日

目录

3
东北
冰与火之歌

4
青岛
城市"颜值"提升记

古老而年轻的北方

导 读

根据地形、气候等自然环境的差异，幅员辽阔的中国，可以分为东部季风区、西北干旱半干旱区以及青藏高寒区等三大自然区。其中，在东部季风区内，由于南北差异明显，以秦岭、淮河为界，又可以分为南方地区和北方地区。

北方地区主要指位于秦岭—淮河以北，大兴安岭、青藏高原以东，内蒙古高原以南的区域，东临黄海和渤海。北方地区横跨我国第二、第三级阶梯。其西部是位于第二级阶梯上的黄土高原，东部则主要包括第三级阶梯上的华北平原和东北平原等。

黄土高原

厚厚的黄土、沟壑纵横，这是黄土高原给人们最直观的印象。黄土高原是中国四大高原之一。这是一个被太行山、秦岭、祁连山、贺兰山所围合的区域，总面积多达 64 万平方千米，是世界上最大、最厚、最连续的黄土覆盖区。

黄土高原大部分地区属于温带季风气候，夏季高温多雨，冬季寒冷干燥。由于这里处于内陆，即便是相对多雨的夏季，降水也不算特别多。尤其是西北边缘地区，十分干燥，属于温带大陆性气候。

发源于巴颜喀拉山脉的黄河向东奔涌而来，在黄土高原之上蜿蜒流淌，洮（táo）河、湟（huáng）水、无定河、渭河等大大小小的支流汇入黄河。由粉砂、黏土等堆积而成的黄土高原土质疏松，在暴雨和河流的冲刷下，黄土高原变得沟壑纵横。

大约 200 多万年前，黄土高原上出现了早期人类。公元前 5000 年以后，人类活动已经基本遍布整个高原。如黄土之上发展出的仰韶文化，其色彩鲜明、造型优美的彩陶，让人直观地感受到古代人们对艺术的极致追求。之后，周、秦、汉、唐等历代王朝不断在这里开辟农田、发展生产，把华夏文明推向一个个高峰。这片厚厚的黄土，见证了中国早期辉煌的历史和灿烂的文明。

大
兴
安
岭

小兴安岭

东
北
平
原

长
白
山

安
岭

辽东丘陵

渤海

黄土高原

太行山

华
北
平
原

黄
河

山
东
丘
陵

秦岭

黄
河

淮河

黄海

长

江

东海

赤尾屿

钓鱼岛

台湾岛

东沙群岛

海南岛

西沙群岛

中沙群岛

黄岩岛

南

海

沙

群

岛

曾母暗沙

▲ 中国北方地区地形图
本图北方地区范围参考人教版教科书《地理》八年级下册中的
《我国的四大地理区域》地图绘制。

华北平原

华北平原是由黄河、淮河、海河等河流挟带着泥沙冲积形成的冲积平原，平坦开阔，地势自西向东逐渐降低。其西起太行山和豫西山地，北至燕山山脉，西南到桐柏山和大别山，东南与长江中下游平原相连，东达渤海和黄海，是中国三大平原之一。

华北平原处于温带季风气候区，夏季高温多雨，冬季寒冷干燥。这里四季分明，春季新芽萌动，桃花、杏花、梨花给大地披上斑斓的衣裳；夏季，由银杏、山杨、白桦等树种组成的落叶阔叶林青葱翠绿；秋季则金黄遍野、硕果累累；到了冬季，植物只剩下光秃秃的枝干，为来年春季萌发新芽蓄积能量。

华北平原土壤肥沃，适宜农耕。早在数千年前，我们的祖先就在这里建立村落，发展农业，开拓王城，使这里成为中华文明的摇篮之一。4600～4000年前，黄河中下游地区发展出龙山文化，精美的黑陶是这一时期耀眼的文化遗存。出土于山东章丘城子崖遗址的黑陶高柄杯，薄如蛋壳，技艺之精湛，令人叹为观止。在此之后，夏、商、东周、唐、北宋、明、清等朝代都曾定都于华北平原，诞生了洛阳、开封、安阳、北京等古老的都城。如今的华北平原，既有厚重的历史文化底蕴，也有年轻活力的现代都市风貌，两者交相辉映。

东北平原

东北平原是中国最大的平原，大兴安岭、小兴安岭、长白山等山脉将其环绕。东北平原主要分为三个部分：由黑龙江、乌苏里江及松花江冲积而成的三江平原；由松花江、嫩江冲积而成的松嫩平原；由辽河冲积而成的辽河平原。

这里同样处于温带季风气候区，但由于纬度较华北平原高，这里的夏季更加短暂温和，冬季则更加寒冷、漫长、多雪。

由于气温低、地势低洼、分布有冻土，松嫩平原和三江平原上，河水及冰雪融水等汇集于地表洼地，形成大量湖泊沼泽，成就了不同于南方的"水乡泽国"。

富含腐殖质的黑土是东北平原重要的土壤类型。肥沃的黑土、平坦的地形、连片的土地、低密度的人口，这些条件让大规模机械化耕作在这里得以施展。玉米、水稻、大豆及小麦等农作物在这片沃土茁壮成长。虽然寒冷的气候让这里只能一年一熟，但东北地区作为中国重要商品粮生产基地的地位无法撼动，从这里产出的优质大米、玉米等运往全国各地。

农业之外，新中国成立后的第一个重工业基地也落户于此。这里诞生了诸如辽宁鞍山钢铁集团、长春第一汽车厂、辽宁大连造船厂等新中国的一个个"工业之最"。东北成为新中国重工业的摇篮，为新中国的工业建设奠定了重要基础。

我们的旅程

我们的旅程开始于黄土高原，深入到坐落于关中平原的西安。这是一座拥有3000多年历史的古都：周、秦、汉、唐等王朝建都于此，兵马俑、大雁塔、小雁塔、古城墙、钟鼓楼等古迹遗址不胜枚举。几千年来，一代又一代西安人让这座古老的城市焕发活力，成就了一座鲜活的古城。

随后，我们将往东进入华北平原，来到河南，"中原"是它另外一个更加响亮的名字。这里曾被视为天下中心，是中国建都朝代最多、建都历史最长、古都数量最多的省份。太行秦岭，桐柏大别，黄河奔流，在它们的见证下，安阳、洛阳、开封等一个个古都名城在河南大地上如巨星般闪耀。

走过中国最为古老辉煌的中原大地，接着向中国的最北端进发，一起聆听在东北大地上奏响的冰与火之歌。寒冬时节，来自蒙古高原和西伯利亚的冷空气袭来，成就了"冰冷北国"。数千年以来，驰骋的民族在东北大地上互相碰撞；百年以来，人们在这片大地上开垦农地、建设工厂，成就了一片热火朝天的景象。

最后的旅程我们奔向黄海之滨，来到一座山海间的浪漫城市——青岛。这是一座年轻的滨海城市。它天生丽质，拥有优美的山海景观。山海环抱的土地上，多样的城市建筑凝固了青岛的百年历史，镌刻了青岛颜值的晋级之路。

北方地区是古老的，在岁月沉淀中奠定了中华文明的基础；它也是年轻的，一代又一代的人们正以火热的青春创造出一个个新的奇迹。这样的北方地区，你会喜欢吗？

八水绕长安

流淌出一座灿烂古城

彩陶在地下浅吟史前人的生活

青铜低唱周人的礼乐之邦

兵马俑在展示秦人军队的威武

汉代城墙告诉人们这里长乐未央

人们无法忘记

群星闪耀的诗歌时代

诗人们在这里

吟诵的半个盛唐

周秦汉唐

辉煌千年

这就是西安

一个宏大的帝王乡

一个让人魂牵梦绕的地方

1

西安

鲜活的古城

在西安建都的朝代及其都城名称

时间	前1500	前1000	前500
时间轴			

西周
（丰京、镐京）

2016—2021西安城市商业魅力排名变化

数据源自：《第一财经·新一线城市研究所》

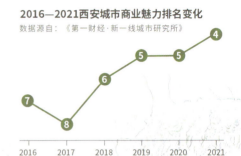

7 8 6 5 5 4

2016 2017 2018 2019 2020 2021

▶ 西安地形图／影像来源
　星图地球今日影像

西安为陕西省省会，地处关中平原的中部，这里地势平坦，土壤肥沃，是中华文明的重要发源地。在西安3000多年的建城史和1000多年的建都史中，有周、秦、汉、唐等十三个朝代或政权在此建都。

太白山 3767米

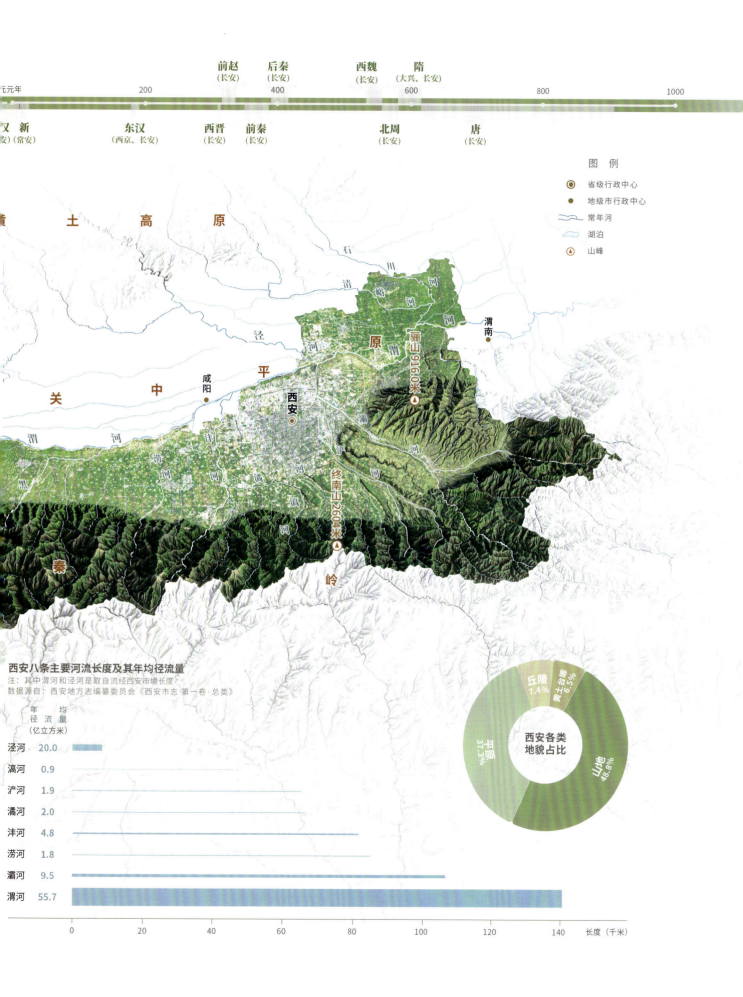

前赵
(长安)
后秦
(长安)
西魏
(长安)
隋
(大兴、长安)

元年　　　　200　　　　　　　　400　　　　　　　　600　　　　　　　　800　　　　　　　　1000

汉 新
(　)(常安)
东汉
(西京、长安)
西晋
(长安)
前秦
(长安)
北周
(长安)
唐
(长安)

图　例

◎ 省级行政中心
● 地级市行政中心
〜 常年河
▱ 湖泊
▲ 山峰

黄　土　高　原

石川河

泾河

原

骊山 916.0米 ▲

渭河

渭南

咸阳

关　中

西安 ◎

平

灞河

渭　河

黑河

沣河

涝河

潏河

滈河

浐河

终南山 2604米 ▲

秦

岭

西安八条主要河流长度及其年均径流量

注：其中渭河和泾河是取自流经西安市境长度。
数据源自：西安地方志编纂委员会《西安市志 第一卷·总类》

年　均
径 流 量
(亿立方米)

泾河	20.0
滈河	0.9
浐河	1.9
潏河	2.0
沣河	4.8
涝河	1.8
灞河	9.5
渭河	55.7

0　　　20　　　40　　　60　　　80　　　100　　　120　　　140　　长度(千米)

丘陵 7.4%
黄土台塬 6.5%

平原 37.3%

西安各类
地貌占比

山地 48.8%

"春风得意马蹄疾，一日看尽长安花"，"遥怜小儿女，未解忆长安"……在唐代诗人眼中，长安是他们向往的地方，他们创作了一首又一首诗歌来描绘长安的繁华，甚至连千年后的我们也会心驰神往。这座繁华古都便是今天的陕西省省会西安。

　　今天的西安，依旧处处透露着曾经的繁华与地位：这里有气势磅礴的秦始皇陵兵马俑，有规模宏大的阿房宫、未央宫、大明宫遗址，有大雁塔、小雁塔，有保存完整的明代城墙、钟鼓楼……今天的西安，也依然繁华热闹：处处高楼林立、商贾云集，日日车水马龙、华灯璀璨，古城内外游人如织。

　　从周王朝在此建都到现在，已经过去 3000 多年了，这座城市如今为什么能保持繁荣与活力？原因之一，便是几千年来生活在这里的西安人，从来没有停止过对这座城市的想象与创造。古老的西安城，正是由于一代代西安人的创造而变得鲜活无比！

▼ 西安城墙／摄影 索罡
西安城墙主要是明代城墙遗存，也是中国现存最大、保存最完整的古代城墙。

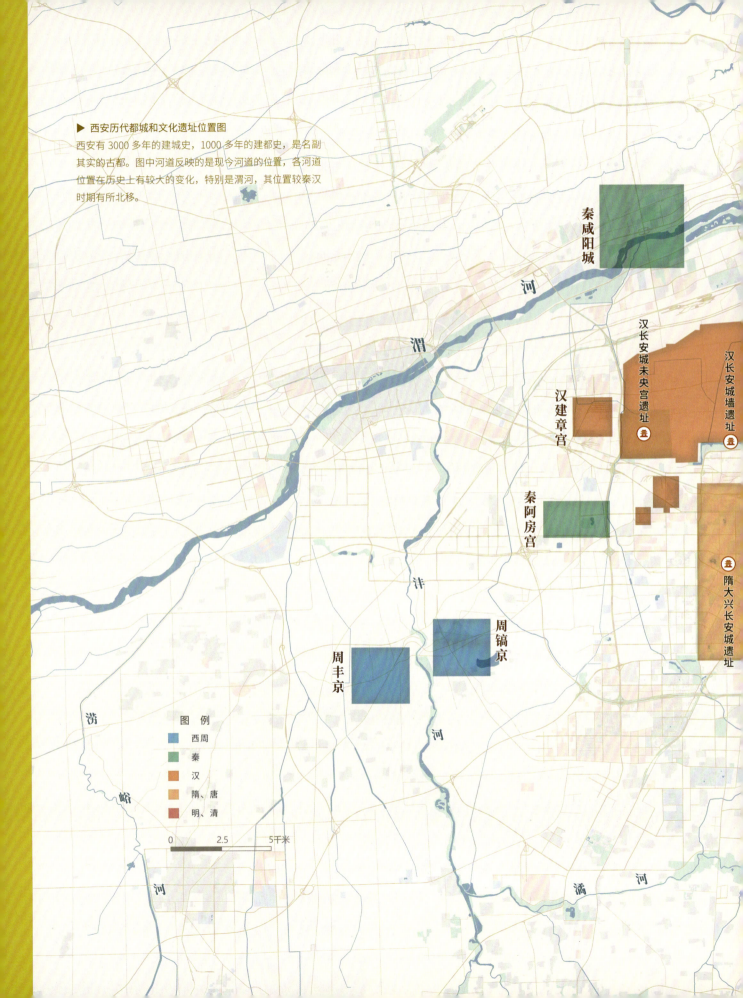

▶ 西安历代都城和文化遗址位置图

西安有 3000 多年的建城史，1000 多年的建都史，是名副其实的古都。图中河道反映的是现今河道的位置，各河道位置在历史上有较大的变化，特别是渭河，其位置较秦汉时期有所北移。

秦咸阳城

河

渭

汉长安城未央宫遗址 盒

汉长安城墙遗址 盒

汉建章宫

秦阿房宫

隋大兴长安城遗址 盒

沣

周镐京

周丰京

潏

图例

🟦	西周
🟩	秦
🟧	汉
🟨	隋、唐
🟥	明、清

0   2.5   5千米

峪

河

潏　　　河

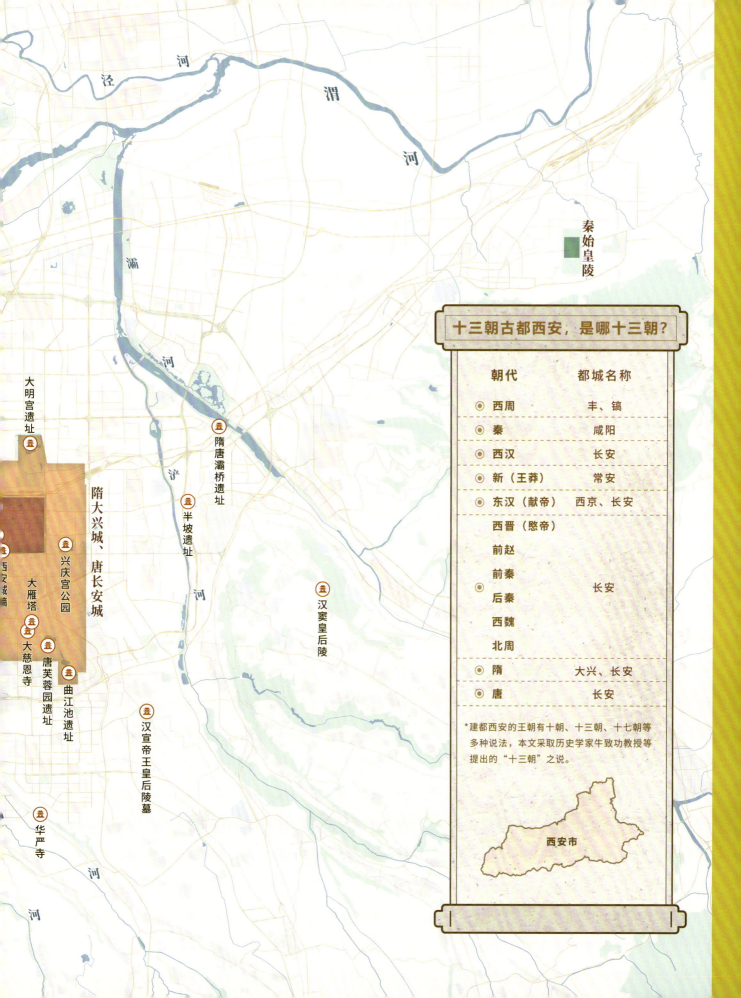

秦始皇陵

大明宫遗址

隋唐灞桥遗址

半坡遗址

隋大兴城、唐长安城

兴庆宫公园

大雁塔

大慈恩寺

唐芙蓉园遗址

曲江池遗址

汉宣帝王皇后陵墓

华严寺

汉窦皇后陵

泾河

渭河

灞

浐

河

河

河

河

十三朝古都西安，是哪十三朝？

朝代	都城名称
⊙ 西周	丰、镐
⊙ 秦	咸阳
⊙ 西汉	长安
⊙ 新（王莽）	常安
⊙ 东汉（献帝）	西京、长安
西晋（愍帝）	
前赵	
前秦	
⊙ 后秦	长安
西魏	
北周	
⊙ 隋	大兴、长安
⊙ 唐	长安

*建都西安的王朝有十朝、十三朝、十七朝等多种说法，本文采取历史学家牛致功教授等提出的"十三朝"之说。

西安市

早期先民

第 1 幕

在久远的地质历史时期，大地的力量便开始塑造这片土地。在如今的秦岭北侧，地层发生断裂，北部断陷成为关中盆地，南部升高成为秦岭山脉，层峦叠翠、群峰竞秀。

层层山岭高耸入云，氤氲的水汽在山间汇聚成降水，汇流成河。这些河流如群龙吐水般冲出峡谷，流到关中盆地。沣（fēng）河、涝（láo）河、潏（jué）河、滈（hào）河、浐（chǎn）河、灞（bà）河，再加上北部的泾（jīng）河，它们共同注入渭河，并与渭河一起构成"八水绕长安"的景象。

流水带来大量泥沙，沉淀于此，北风也带来黄土高原的沙尘，它们一起在关中盆地上形成了厚达千米的沉积物，土壤肥沃的关中平原就此诞生。从空中俯瞰，巍峨的秦岭山脉挡在关中平原南边，关中平原则铺展在山脚之下。

▼ 关中平原水系图
秦岭面向关中盆地的一侧有许多峡谷并排而立，是为秦岭七十二峪，从中流出的河流如同群龙吐水。

▶ 秦岭与关中平原／摄影 孙岩
从空中俯瞰，秦岭与关中平原景观差异显著，左侧的关中平原一马平川，右侧的秦岭起伏连绵。

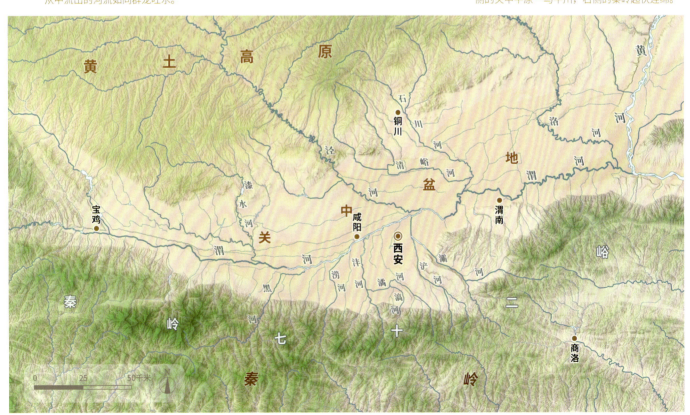

西安

"泾渭分明"是怎么形成的？

　　我们都知道"泾渭分明"这个成语常用来形容界限清楚或是非分明。这个成语正来源于关中平原两条大河——泾河和渭河。渭河是黄河最大的支流，而泾河是渭河最大的支流。泾河和渭河在西安交汇，在两河交汇处你可以看到清水和浊水界线分明的奇特景观。为什么泾河和渭河的界线会如此分明呢？

　　这是由于两条河流含沙量不同：含沙量大的河流会显得混浊，而含沙量小的河流会显得相对清澈。泾河、渭河的含沙量与人类的农业活动有着密切的关系——农业开发会破坏原有的植被，使流域内水土保持能力下降，造成水土流失，大量泥沙被带入河流之中，河流由此变得混浊。

　　由于泾河上游与渭河上游的植被在不同时期的境遇并不相同，两条河的清浊情况也会有所差异。在春秋时期，渭河两岸的农业发展要快于泾河两岸，渭河流域的植被破坏更为严重，两河呈现"泾清渭浊"的景象；在战国后期到魏晋时期，许多农民迁移到了泾河上游，那里的森林被砍伐殆尽，雨水挟带大量泥沙流入泾河，让泾河变成了"泥水"，两河也就呈现"泾浊渭清"的局面。

　　如今，在国家的大力治理下，泾河流域与渭河流域的植被都得到了较好的保护，两河的含沙量都有所下降。不过相对来说，渭河的含沙量更高，所以再一次形成了"泾清渭浊"的局面。随着环境保护理念更加深入人心，相信两条河流都能更加清澈。

▲ 朱鹮／摄影 徐永春

▶ （上）羚牛／摄影 顾晓军

▶ （下）大熊猫／摄影 张强

　　有了水，有了肥沃的土地，关中地区最早的"居民"来了，不过它们不是人类，而是种类丰富的动植物。在人类对关中平原进行大规模的农垦、改造之前，这里水草丰美。河流里，鱼儿自由穿梭；天空中，美丽的朱鹮滑翔而过；高山上，羚牛在岩石间从容跳跃；山林中，大熊猫在啃食竹笋。

　　水源充沛，土地肥沃，动植物种类丰富……关中平原这样一个生存环境优越的地方，人类自然不会缺席。而西安，正是坐落在关中平原。早在约 6000 年前，"定居"在西安的早期居民就已经登场了，他们就是半坡人。半坡人在浐河、泾河等河流的岸边建立村落。他们有着近似现代南方人的相貌，成年男性的平均身高可以达到 1.7 米。关中平原丰富的水系和郁郁葱葱的树林为他们提供了各种河鲜山珍。他们使用简单朴素的器具，通过农耕、捕鱼、捕猎和采集野果，过着相对原始的生活。

　　通过考古发掘，今天的人们可以在博物馆看到几千年前半坡人的生活片段。那时的人们都居住在村子里，还没出现城市，都城更无从谈起。距离西安第一次成为都城，还有3000 年左右。

半坡人的村子，究竟有什么？

在 6000 多年前，一群人在现在西安东部的浐河东岸建立了家园。随着时代的变迁，这个家园被掩埋在黄土之下，被时间封印在地下。直到 1953 年春，这些生活在史前的人类留下的遗迹，被西北文物清理队发现，一个震惊世人的新石器时代遗迹——半坡遗址，展现在世人面前。

半坡遗址是一个总面积约 50000 平方米的聚落。半坡人居住的是半地穴式房屋，这样的房屋冬暖夏凉，还能够防止野兽入侵。在房屋外，还有饲养家畜的圈栏，以及储藏东西的窖穴。这些建筑分布在聚落中心，构成了半坡遗址的居住区。居住区的面积约

30000 平方米，占到整个聚落遗址面积的一半以上。围绕着居住区，半坡人挖了一条深 5～6 米、宽 5～6 米的大沟，将整个居住区包围起来。这条大围沟能够阻挡入侵者，也能保护半坡居民不受野兽的侵袭，作用很像后世的护城河。有了围沟，半坡居民们可以安心地在村子中居住，做饭，养殖猪、狗等，也可以放心地出门采集果实、狩猎野兽，到河边捕鱼，到地里种植，不必过于担心村子的安全。

在大围沟以东，还有半坡人的陶窑。在陶窑里，半坡人发挥了他们极强的艺术天赋与创造水平，塑造了一个又一个画有各种精美图案的彩陶。这些陶器上

▼ 半坡人生活劳作场景示意图

画着鱼、猪、鹿、人面、三角形等图案。红色的陶面配上简练的黑色线条，现在看来也极具艺术感。而在半坡人眼中，这些图案有着非常独特的意义。例如，在半坡遗址出土的一些彩陶盆上，画有被称为"人面鱼纹"的纹饰。图案中人面和鱼相融合，耳朵、嘴角处有几条小鱼，头上仿佛戴着尖尖的三角帽，极具想象力。这很有可能象征着半坡人信仰的"鱼神"。要知道，在半坡人的生活中，除了农耕，渔猎也是十分重要的谋生手段。据考古学家推测，这些"人面鱼纹"陶器可能是埋葬夭折婴儿的葬具，陶器上的人面鱼纹象征着巫师请求鱼神附体，为夭折的婴儿招魂祈福。此外，半坡人或许很爱美，他们会用陶、石、牙、蚌等制造手饰、颈饰、发饰等。

考古工作者的研究发现，让人们窥见了6000多年前半坡人生活的一角。当然，半坡人还留下了很多谜题，需要考古工作者来一步步地拨开迷雾、揭开真相。

牙饰

人面鱼纹陶盆

猪面纹彩陶壶

1.7米

制陶

圈养家畜

防御的环濠

种植

开创城市

第2幕

在距今 3000 多年前，西安这片土地又迎来了新一批住客——擅长农耕的周人。他们从甘肃的黄土高原出发，辗转多次，向东迁移来到关中平原，加入"西安人"的行列。这批人给西安带来了先进的农业生产技术和农田管理经验。更重要的是，他们开创了西安作为一个都城的历史！

周朝建立以前，周人主要聚居、生活在今天陕西宝鸡市的岐山、扶风、凤翔一带。随着农业的发展，周人势力日渐强盛，地盘逐渐扩大，到周文王时，今西安一带成为周人的控制范围。这里地势平坦、水源丰富，周文王在沣河的西岸建立起新的都城——丰京。后来，周文王的儿子周武王又在沣河的东岸建立起另一座大的城池——镐京。实力日渐强大的周武王起兵讨伐商纣王，最终灭商建周，并把国都定在镐京。西安的都城历史，正是从这里开始的。

虽然国都定在镐京，但是周武王并没有废弃丰京。一河相隔的两城还是紧密相连，但各有分工：镐京主要是政治统治的中心，皇城宫殿都建在那里；而丰京主要作为祭祀、文化娱乐的场所。丰京和镐京就像一对兄弟，共同构成周王朝如日中天的权力中心。

在周王朝的治理下，西安的社会民生井然有序。擅长和依赖农耕的周人将关中平原分割成一块块方田，道路和灌溉沟渠纵横其间，形成井字形田地。为了给农作物提供更好的生长环境，他们定期为农作物除草，并将这些杂草堆在田地中，变成天然的肥料。同时，他们还利用雨水洗去土壤中多余的盐碱。在周人的精心打理下，关中平原的田间地头长满了粟（sù）和黍（shǔ）等农作物，一派沃野千里的景象。

然而，随着周王朝的逐渐衰败，在公元前 771 年，犬戎攻破镐京，西周灭亡。西安建都历史上的第一代都城就此烟消云散。紧接着，一个诸侯争相称霸的时代来临了。

周丰京

▶ 西安历代都城位置图——周

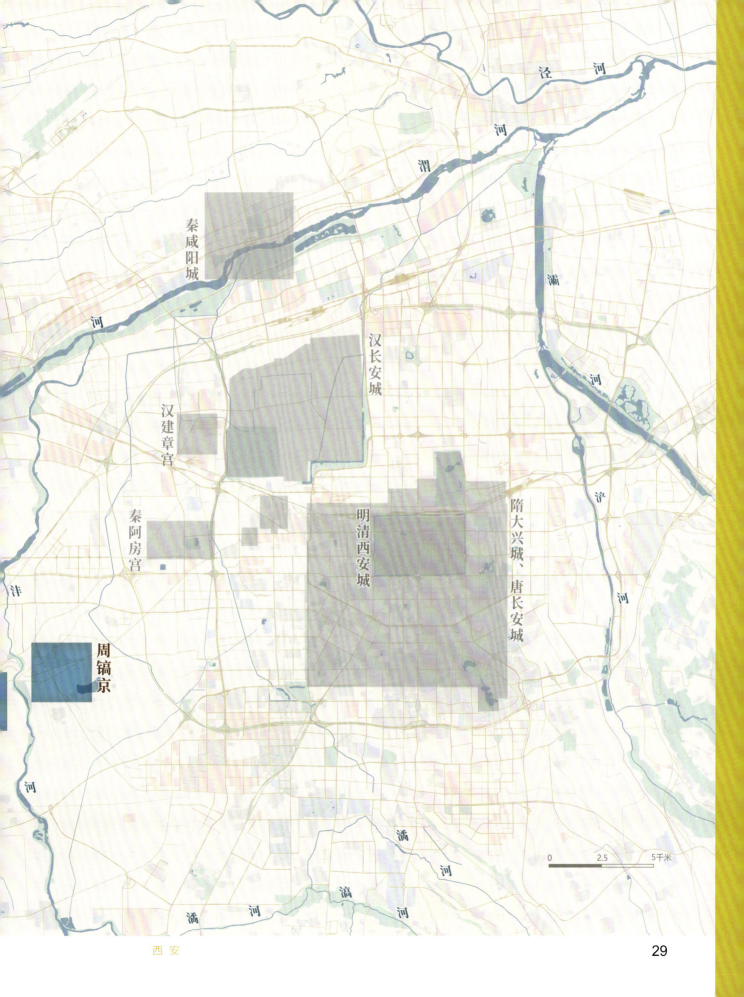

秦咸阳城

汉长安城

汉建章宫

秦阿房宫

明清西安城

隋大兴城、唐长安城

周镐京

泾 河

渭 河

灞

浐

河

河

沣

河

潏 河

潏 河

0   2.5   5千米

西 安

▲ 骊山烽火台／摄影 魏炜

此图为骊山烽火台航拍图，远处流淌的河流为渭河，
史籍上记载了周幽王在此烽火戏诸侯导致亡国的故事。

▼ 西安历代都城位置图——秦
秦时的渭河河道比现在的位置更偏南。

秦咸阳城

汉长安城

汉建章宫

秦阿房宫

明清西安城

隋大兴城、唐长安城

周镐京

周丰京

0 2.5 5千米

此时，生活在现今甘肃地区的秦人，逐步东迁到了关中平原中部一带，填补了周人留下的空白。在历经多次徙都之后，秦人选择在今天西安市区西北、咸阳市区东北，建立自己的都城——咸阳。

在迁都咸阳之前，励精图治的秦孝公便任命商鞅推行变法，取消贵族所享有的世袭特权，推行军功爵制。平民百姓无论出身门第，无论贫富贵贱，只要立有军功，就都可以获得土地，享受爵禄。曾经落后的秦国因商鞅变法一跃而起，成为战国时代的强国。而为了进一步变法图强，与东方六国展开竞争，公元前 350 年，秦孝公决定将都城迁往交通更为便利、农业条件更为优越的咸阳。

以咸阳为都城的秦人，进一步进行改革，在富国强兵的大道上一路凯歌。人们拿起锄头，在关中平原肥沃的土地上辛勤劳作，为这个国家贡献充足的粮食等物资。在军功爵制的激励下，他们又可以放下锄头，从父子、兄弟、同乡变成同仇敌忾的战友，为国冲锋陷阵。而其他六国的人才或为功业富贵，或为自身抱负，蜂拥而上，毕集于咸阳。秦人由此建立起强大的军队和博学的智囊团。凭借着秦军这支所向披靡的虎狼之师，公元前221年，秦王嬴政最终横扫天下，统一六国。秦国从一个小小的诸侯国，一跃成为大一统的秦帝国。

秦王嬴政相当满意自己的政绩，认为自己"德兼三皇，功过五帝"，于是兼采帝号，称为"始皇帝"。统一的帝国更能集中力量办大事，秦国统治者不满足于只是建立一个普普通通的都城，而是要创造一个史无前例的作品—— 一个天宫一样的都城！

秦人大兴土木，根据天上的星座在地面上建造与之对应的宫殿！横穿都城的渭河与浩瀚的银河对应，渭河北面的咸阳宫与紫微垣等星官对应。另一座宏伟的宫殿——传说中的阿房宫，与银河南边的营室等星官相对应。两个宫殿之间则由横跨渭河的桥梁连接，这座桥梁正对应着阁道星。这种极富想象力的都城布局被称为"象天法地"。

▼ 俯瞰秦阿房宫前殿遗址／摄影 苟秉宸

现实世界之外，秦始皇还希望在另一个世界也能拥有一支无与伦比的军队，来展现秦王朝强大的武装力量。他召集了全国最优秀的工匠，建造了一个史无前例的伟大工程——秦始皇陵兵马俑。

这支沉睡在地下的军队，有着7000多个与真人同等比例的兵马陶俑，队列整齐，威武雄壮。每一个人形陶俑都有独一无二的造型，有的牵着战马，有的握着铜剑，有的威风凛凛地站立，有的单膝跪地凝视远方。他们面部的表情细致而生动，连头发都纤毫毕现。与我们今天所见到的灰扑扑的兵马俑不同，建成之初的兵马俑色彩亮丽。将士们穿着紫色或天蓝色等不同颜色的长袄，外披褐色的铠甲，局部还有蓝、粉、黑、白等颜色点缀，一身鲜亮，这是秦帝国最耀眼的队伍！

除了人形陶俑，还有设计精密的铜车马。在出土的两辆铜车马中，一号车配备弩机、箭、盾牌等攻防武器，负责为二号车武装开道。二号车则搭载了豪华"车厢"，乘车的人可以在里头自由地躺或坐，堪称古代版"豪车"！

壮硕的战马、奢华的豪车和鲜亮的将士共同组成了一个鲜衣怒马的方阵，守卫着秦帝国的地下疆土。

▼ 秦始皇陵兵马俑／摄影 赵有人

▲ 秦始皇陵兵马俑的面部形态／摄影 张天柱

▶ 秦始皇陵铜车马一号车／摄影 张天柱
一号铜车马为立车，御官站立驾驶，车上有
弩机、盾牌等兵器，也称兵车，居前开道。
▼ 秦始皇陵铜车马二号车／摄影 张天柱
二号铜车马为安车，为秦始皇乘坐的车辆。

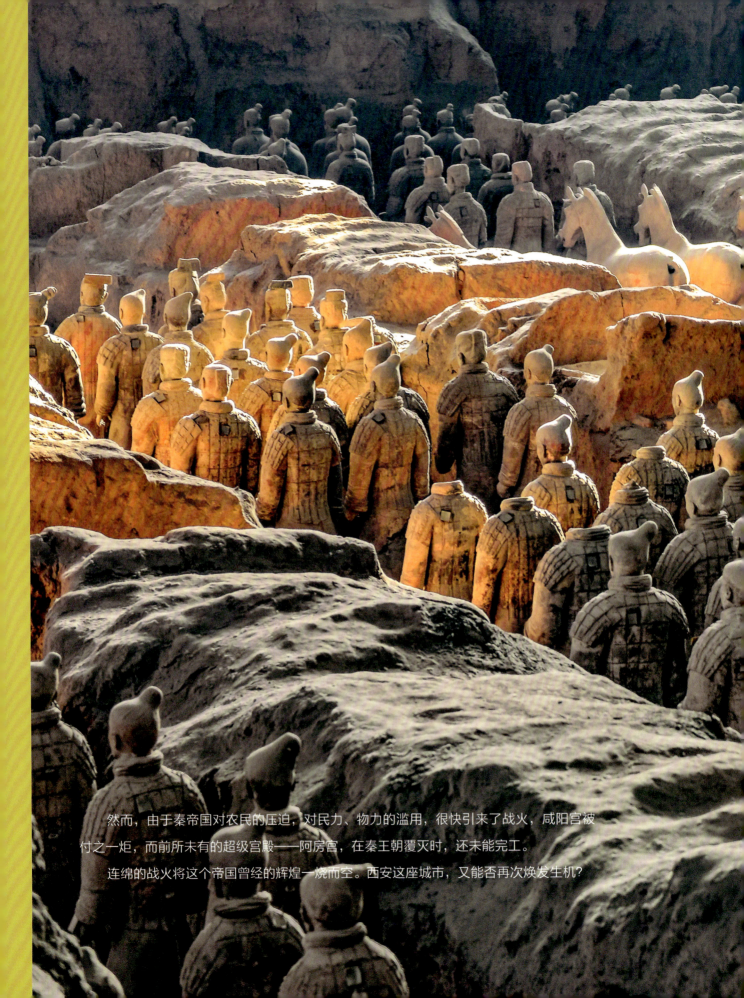

然而，由于秦帝国对农民的压迫，对民力、物力的滥用，很快引来了战火，咸阳宫被付之一炬，而前所未有的超级宫殿——阿房宫，在秦王朝覆灭时，还未能完工。

连绵的战火将这个帝国曾经的辉煌一烧而空。西安这座城市，又能否再次焕发生机？

▲ 秦始皇陵兵马俑／摄影 刘宏成

世界之都

当秦末的战乱结束，在楚汉之争中胜出的刘邦，开始思索新王朝——汉朝的都城选址。刘邦来自沛县（在今江苏徐州一带），和他一起打天下的老乡们希望将都城定在家乡一带，然而一个名叫娄敬的戍卒却大胆地向刘邦提议，将都城定在饱经战火的关中，即周、秦两代都城所在的区域。

关中地区拥有绝佳的防御条件：东侧有黄河为天险；西侧和北侧是沟壑纵横的黄土高原；而南侧是庞大巍峨的秦岭山脉。在四周天险的加持下，平坦而肥沃的关中盆地成了一个被山河环抱的安全地带。而黄河最大的支流——渭河贯穿盆地中央，为农业生产提供了充足的水源。若选择在此定都，只需要守住几个重要关卡，就可以形成易守难攻的坚固防线。

▼ 关中地区部分关隘位置示意图

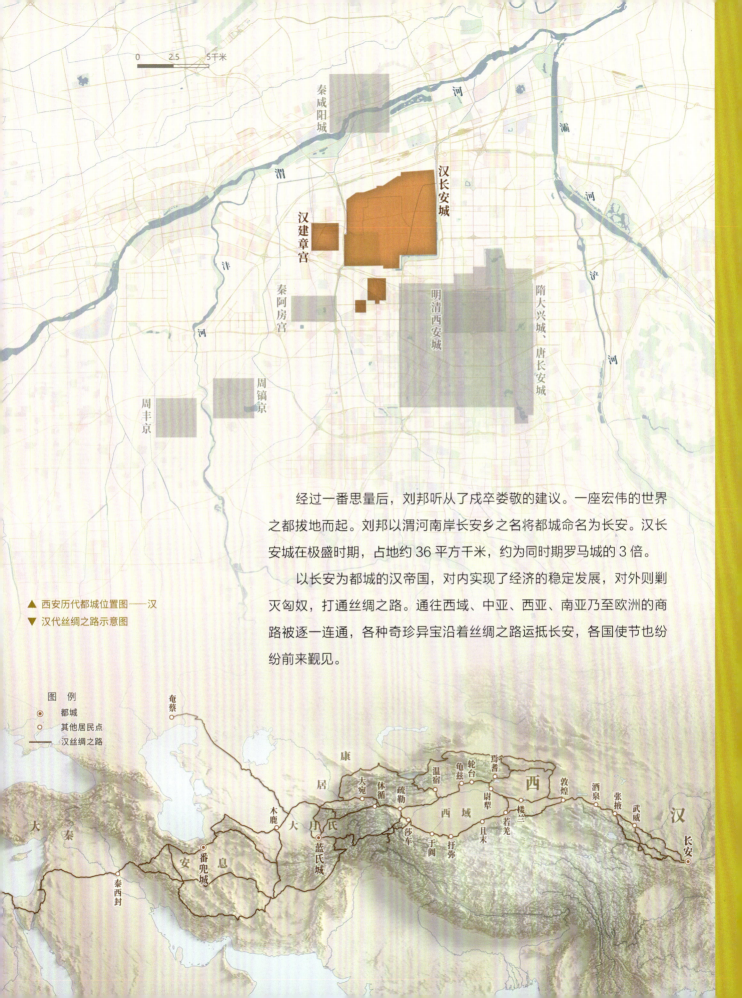

秦咸阳城

渭

河

沣

河

灞

河

沪

河

汉长安城

汉建章宫

秦阿房宫

明清西安城

隋大兴城、
唐长安城

周镐京

周丰京

0　2.5　5千米

经过一番思量后，刘邦听从了戍卒娄敬的建议。一座宏伟的世界之都拔地而起。刘邦以渭河南岸长安乡之名将都城命名为长安。汉长安城在极盛时期，占地约 36 平方千米，约为同时期罗马城的 3 倍。

以长安为都城的汉帝国，对内实现了经济的稳定发展，对外则剿灭匈奴，打通丝绸之路。通往西域、中亚、西亚、南亚乃至欧洲的商路被逐一连通，各种奇珍异宝沿着丝绸之路运抵长安，各国使节也纷纷前来觐见。

▲ 西安历代都城位置图——汉
▼ 汉代丝绸之路示意图

图　例
◉　都城
○　其他居民点
———　汉丝绸之路

奄蔡

康

居

大宛

休循

疏勒

温宿

龟兹

轮台

焉耆

大月氏

木鹿

蓝氏城

莎车

扜弥

于阗

且末

尉犁

若羌

楼兰

西　域

敦煌

酒泉

张掖

武威

西

汉

长安

大

秦

安

息

番兜城

秦西封

秦咸阳城

渭 河

汉长安城

漓

河

渭

沣 河

汉建章宫

秦阿房宫

明清西安城

隋大兴城、唐长安城

浐 河

周镐京

周丰京

▲ 西安历代都城位置图——隋唐

东汉末年，天下再次分裂，三国鼎立，烽烟四起。此后 300 余年，仅有西晋曾短暂统一，大部分时间中国都处在割据分裂的状态下。直到公元 589 年，在隋王朝的统治下中国才再次统一。

隋文帝同样有一个建设完美都城的梦想。他在汉长安城的东南方向，修建了一个恢宏壮阔的新都城——大兴城。大兴城规模庞大，面积达 84 平方千米，相当于汉长安城的 2.3 倍，元大都的 1.7 倍，明清北京城的 1.4 倍，同时期的拜占庭帝国都城君士坦丁堡的 7 倍，是当时世界上当之无愧的第一大都城。

▲ 大兴善寺／摄影 王东
大兴善寺为隋朝时期的皇家寺院，规模庞大，
占当时大兴城一坊之地。

大兴城不是一天建成的！

公元 582 年，已经称帝一年的隋文帝杨坚，仍然居住在前朝的旧都城里。旧都城的种种，都无法让杨坚感到满意：首先，旧都城位于龙首原和渭河之间，可供城市扩张的区域较小；其次，人们长年累月在此居住活动，这里的生活用水遭到严重的污染；最后，更可怕的是，这里临近渭河，隋文帝做梦都怕某一天洪水会把都城淹没。不如重新建立一座新的都城吧！

选址规划

营建新都这一国家级重大项目很快就被提上了日程。这个庞大工程的规划师，是年仅 28 岁的宇文恺（kǎi）。宇文恺年轻有为，深谙建筑之道。经过实地勘察，设计团队决定将都城建在旧都东南边的龙首山[1] 南麓（lù），这里地势较高，视野开阔，非常适合建立新都。

确定选址之后，新都从公元 582 年 7 月正式动工，历时 9 个月最终建成。建成当月，隋文帝就迫不及待地迁入新都，并将新都城命名为大兴城。

完美的都城

大兴城规模浩大，布局井然有序，整体分为三大部分。

宫城是大兴城最重要的部分，居于大兴城中轴线的最北端，坐北朝南，供皇帝居住。宫城以南是皇城，是官署所在地。此外，大兴城内占地面积最大的部分便是百姓生活之地，称为外郭城。如此布局，使得整个城市界线清楚，公私分明，互不相扰。

城市中街道横平竖直，呈棋盘状，每个小方格都是一个里坊，为百姓的住宅区。每个里坊都设有坊门，实行严格的宵禁制度，晚上人们不能随意外出。

虽然夜晚实行宵禁，但白天的都城充满生活烟火气。外郭城内，东西各设置一处交易市场，分别为利人市和都会市。无论是日用百货，还是奇珍异宝，都能在这里找到。唱戏、杂耍等娱乐活动更让这里热闹非凡。

城内街道两侧建有宽 2.5 米左右的排水沟，街面中间高、两侧低，有利于暴雨季节排走雨水。城内还有三条引水渠，贯穿了大部分坊巷，既解决了用水问题，又美化了城内环

---

1 龙首山并非真正意义上的山，而是比渭河海拔稍高的一块土地。

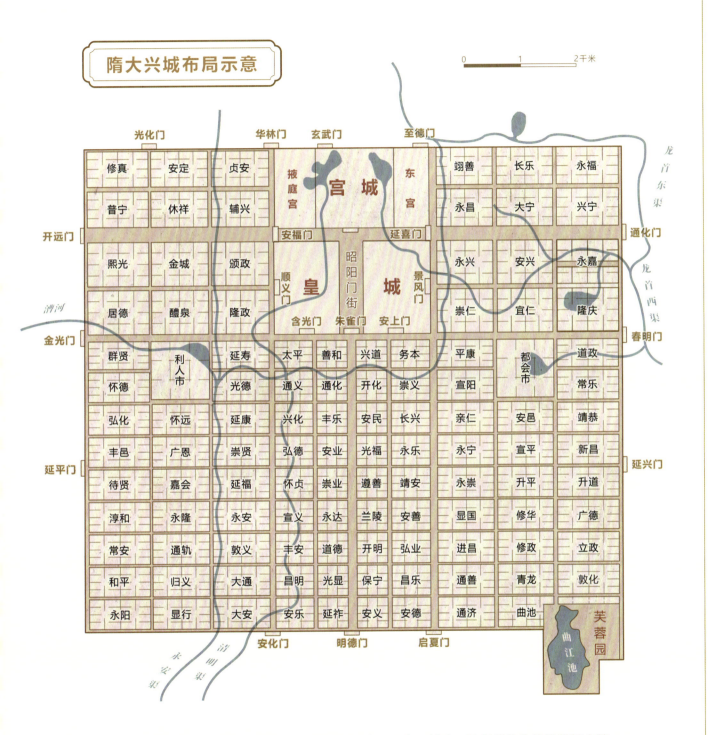

境。而大兴城的东南角，还建有曲江池，是大兴城内一处风景绝佳的游览好去处。

可惜，一座完美的都城并没有给隋朝的帝王带来盛世繁华。建成不到 40 年，大兴城迎来了新的主人，并改名为长安城……

*城门并非真实结构和比例，仅做示意

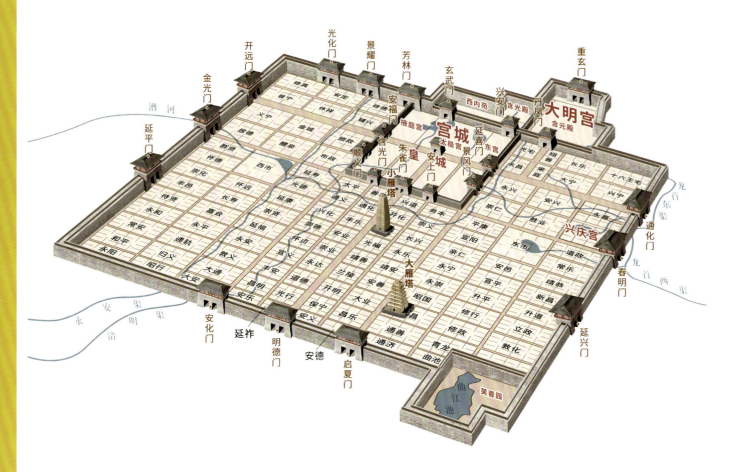

▶ 大明宫国家遗址公园／摄影 王晓雄

大明宫始建于唐贞观八年（公元 634 年），毁于唐末的战火中。宫殿东西宽 1.5 千米，南北长 2.5 千米。宫殿建筑群宏伟华丽，自唐高宗起，往后的 200 余年里，多任皇帝曾经在此处理朝政，是唐朝的国家象征。如今从遗址上依稀能够看到昔日大明宫的风采。大明宫下方是丹凤门，为后来所建。

　　隋朝的命运和秦朝相似——二世而亡。不同的是，大兴城幸运地躲过了战火的摧残。继承了大兴城的唐王朝将它改回了"长安"之名。当时的唐王朝，是世界上最强大的帝国之一。长安城中的帝王、城市的管理者、僧侣、胡人、诗人五种角色共同发力，将长安城打造成繁华鼎盛、极具魅力的国际化大都市。

· 帝王们 ·

首先是帝王们对宫殿的打造。当时的唐朝统治者不满意皇宫所处的位置，便在都城的东北角、长安城北门玄武门的东侧，斥巨资建造了一座新的皇宫——大明宫。大明宫的面积达到了 3.3 平方千米，约是北京紫禁城的 4.5 倍，被后世称为"中国宫殿建筑的巅峰之作"。

大明宫共设有 11 个宫门，其中正南门被叫作"丹凤门"。丹凤门是大唐威仪的象征，堪称"盛唐第一门"，有五个门道，城门上建有巍峨高大的丹凤楼。丹凤门正对含元殿，雄踞龙首原最高处，是皇帝举行登基、宴会等大型典礼的场所。在含元殿以北，还有宣政殿、紫宸（chén）殿、蓬莱殿等。

蓬莱殿再往北，便是大明宫的园林区。园林区的地势相比前面的宫殿区更为低平，中间是面积约有 1.6 万平方米的太液池，池中建有蓬莱山，一到春天，桃花盛开，太液池中仿佛人间仙境。除此之外，园林区内还有佛寺、道观、浴室、暖房、讲堂、学舍等设施，由此可以想象，大明宫的规模有多么宏大。

·城市的管理者们·

城市的管理者们，延续了隋代的里坊制和宵禁等制度来规范百姓的生活。

为了方便管理，商业区和住宅区被严格地划分开来。一个个方格状的坊是百姓的住宅区，坊内的任何人都不能越界私建房屋，也不能擅自增加门洞。百姓要是想买物品，必须去商业区东市或西市。除了商住区分制度，唐朝的宵禁制度也十分严苛。一到夜间，百姓就必须回到自己所属的里坊中，禁止随意出入，如果擅自跑到坊外夜不归宿，就会触犯宵禁，即"犯夜"。无故犯夜的人，会被处以竹板打二十下的惩罚。不过在上元节，宵禁会暂停一天，长安百姓便纷纷挤到大街上赏灯游乐。

管理者们也为百姓提供了良好的生活环境。纵横交错的八水在人工挖掘的水渠的引导下，为整座城市提供生活、灌溉及交通用水。人们在引水沟渠的堤岸旁边种植种类繁多的花木，槐树、榆树、柳树、杨树、梧桐、松树等在长安城内开枝散叶。这些草木也成为唐诗吟咏的主题之一，正所谓"天街小雨润如酥，草色遥看近却无。最是一年春好处，绝胜烟柳满皇都"。长安城也成了一座名副其实的园林城市。

同时，管理者们也在城市中建造向百姓开放的公共园林，即位于城市东南角的芙蓉园。园内的曲江池是一个水景休闲区，人们可以在这里游玩聚会。每年新科进士放榜后，皇帝都会赐宴曲江池，以示君民同乐。

▲ 青龙寺／摄影 刘锐锋

青龙寺位于西安市东南，始建于隋文帝时期（公元 582 年），前身为灵感寺，后改名为青龙寺，是中国佛教密宗寺院。春天来临，万物复苏，樱花竞相绽放，青龙寺被这些姹紫嫣红的樱花团团围绕。

◀ 曲江池／摄影 宋虹霏

曲江池遗址公园地处西安市东南隅。秦始皇曾在这里修筑离宫，汉武帝时则将这里作为皇家苑囿并改名为"曲江"，隋唐时多次扩建，并增建楼阁。在唐代，曲江池是长安人游玩的好去处。

· 僧侣们 ·

唐朝对各种宗教信仰采取包容态度。假如你生活在公元 640 年，你可以看到长安城内的 106 座佛寺，36 座道观，以及 2 座波斯拜火教寺，4 座大秦寺。

在这些宗教场所中，佛寺数量最多，众多的佛学大师在这里开宗立派。这些佛寺中，最为有名的应当数大慈恩寺与荐福寺。这两座寺庙之所以出名，除了它们本身的历史与文化，寺庙中的两座佛塔可以说功不可没：这便是大雁塔与小雁塔。大雁塔的设计者，正是大唐高僧玄奘，他参照印度佛塔的样式设计了这座藏经塔，用于放置从天竺请来的佛经与佛像。小雁塔则因塔身比大雁塔稍小而得名。它虽然不如大雁塔高大宏伟，但更多地展现了唐朝时期的佛教建筑特色，别具一格。

大、小雁塔的前世今生

大雁塔

公元652年，从印度归来的玄奘法师在唐高宗李治的支持下，按照印度佛塔的样式，设计了一座高达60米的石砌佛塔，这座石塔就是闻名天下的大雁塔。这座高达60米的建筑，已经经历了1300多年的风雨。

大雁塔在建立之初共有五层，塔的外层有石砖覆盖，内里则是土坯。塔顶是一个平台，平台中央有一个具有印度风格的大型覆钵（bō）塔，四个角又各有一个小型的覆钵塔，属于"金刚宝座式"。不过，人们现在看到的大雁塔，已经不是玄奘当年建造的大雁塔了。武则天在位时，大雁塔被改为十层。晚唐时期的战乱破坏，让十层的大雁塔只剩七层。又经过宋、金、元、明时期，由于火灾和地震的破坏，这座古塔已是满目疮痍，不复当年壮丽。直到明万历年间，大雁塔得到维修，原来印度风格的建筑被完全抛弃，改成了我们现在见到的中式风格的七层楼阁式大雁塔。

▶ （上）大雁塔全景／摄影 安铎

▶ （下）小雁塔全景／摄影 李文博

▼ 不同时期大雁塔结构变化示意图

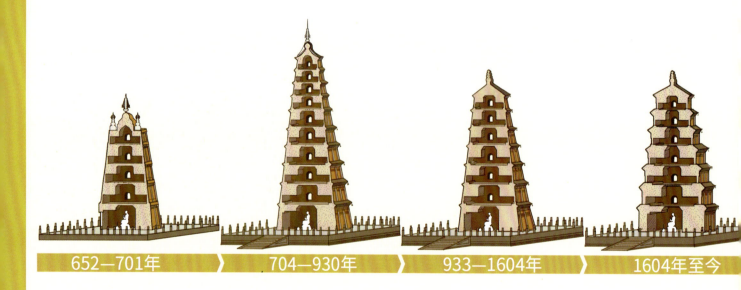

652—701年 ▶ 704—930年 ▶ 933—1604年 ▶ 1604年至今

小雁塔位于荐福寺内，因而也被称为荐福寺塔。小雁塔的塔身一层层向上收紧，从外部看来，越是高层的塔檐，越是密叠在一起，因而被称为"密檐式"佛塔。小雁塔建于唐中宗景龙元年（公元707年），在岁月和风雨的侵蚀下，如今，它的塔顶已经被毁了。

在1300多年的历史中，小雁塔经历了70多次地震。根据佛塔上的明代题字，在明成化二十三年（公元1487年）时，长安发生地震，小雁塔从塔顶到塔底产生了数尺宽的裂缝。而在明正德十六年（公元1521年）时，长安再次发生地震，小雁塔塔身的裂缝竟然一夜之间合拢。这个故事给小雁塔增添了几分神秘的色彩。如今，小雁塔仍然高高矗立着，静静地看着这座城市的沧桑变迁。

1000多年来，这里的人换了一拨又一拨，这里的兴衰走过了一轮又一轮，而这两座塔在历经磨难之后留存至今，目送着西安人的来来往往，迎接着西安的再次繁华。它们已经与整座城市融为一体，成为这座城市历史的见证。

小雁塔

· 胡人们 ·

　　僧侣之外，强盛的帝国保障了丝绸之路的通畅。胡人，也就是当时西域诸国的人以及更远的中亚、西亚人。他们沿着丝绸之路来到长安，在这里开设了大量珠宝店、客栈和酒肆，也带来了各种风俗习惯与饮食文化，让这座城市变得更加多元而精彩。

　　在吃的方面，胡人带来了用小麦面粉做成的各种食物，即"胡食"。芝麻烧饼、馕、带馅的饆（bì）饠（luó）（一种面制点心，可能已经失传或改名）……这些都是唐长安城里，从百姓的餐桌到宫廷的宴饮中都能见到的"胡食"。

▼ 神禾原／摄影 刘锐锋
神禾原位于西安市长安区南部，潏河和潏河之间。因后晋时期，在神禾原种植的小麦长出九个麦穗，堪称神奇而得名。丰收时节，神禾原金灿灿的麦田一览无余，远处为终南山。

造出一个面食的世界！

早在新石器时代，小麦便从西亚传入中国，之后逐渐成为北方极为重要的农作物。在静静流淌的渭河的灌溉下，在农民辛勤的劳作下，富饶的关中平原上翻出金灿灿的麦浪。人们收获沉甸甸的麦穗，将麦粒磨成面粉，用面粉制作出一道又一道美食。特别是到了唐代，胡人将家乡的面食带到长安，让长安的面食种类更加丰富多样。经过千百年的融合演变，成就了今日西安美味的面食世界！

牛羊肉泡馍

来到西安的游客，不可以错过的自然是被称为"天下第一碗"的牛羊肉泡馍。牛羊肉泡馍是一道需要主人和客人共同协作做出的美食：主人用牛羊肉配上葱、姜、蒜、辣椒，熬出香气扑鼻的肉汤；客人则需要将馍掰成黄豆大小，盛在碗底。肉汤泡过碗底的馍，香气四溢，汤鲜味醇，尝过一口便回味无穷。

腊汁肉夹馍

除了牛羊肉泡馍，另一个不可不提的西安美食当数腊汁肉夹馍。腊汁肉夹馍用的馍是起源于陕西咸阳白吉镇的白吉馍。白吉馍用炭火烘烤而成，馍的表面松脆微黄，内里绵软。腊汁肉则是用猪肉与多种调味料煮制而成。将腊汁肉夹入白吉馍，肉汁充分浸入馍，轻咬一口，香气扑鼻，咸香可口，美味至极。

蹼蹼面

在人们总结的"关中八大怪"中，其中一怪叫作"面条像裤带"，这种像裤带的面条，就是人们熟知的 biang biang（音）面。这种面和得硬、擀得厚、切得宽，煮熟后的面条光滑、柔软、有嚼劲。与此同时，面上浇着红彤彤的油辣子或肉臊子，让整碗面色香味俱全。

锅盔

在陕西，还有一种大如锅盖、被称作"锅盔"的饼，是"关中八大怪"之一的"锅盔像锅盖"。在制作锅盔的时候，人们常常需要用尽全身的力气将面压得十分紧实，再用麦秸烧火慢慢烙烤。这样出炉的锅盔，干硬耐嚼，内酥外脆。在过去，这种食物一直是陕西人出门随身携带的干粮。

层层麦浪化成面粉，在人们手中成为一道又一道美食。这是大自然的馈赠，也是生活在这里的人们的劳动创造。游客们吃的每一口面食，背后都是这片土地千百年来的一段段历史。

在开放包容的唐代，一些来自外国或少数民族的音乐、舞蹈、杂技在长安城大为流行，甚至还走入了宫廷。在唐代官方的"唐十部乐"中，除了燕乐、清乐来自汉族，西凉乐、高昌乐、龟兹乐、疏勒乐、康国乐、安国乐、扶南乐、高丽乐等八部乐均来自少数民族地区或周边国家。外来音乐、舞蹈在传入之后，与原有的本土音乐、舞蹈不断交流、融合，大大丰富了人们的娱乐生活。

你看下面的唐三彩釉陶载乐骆驼，一位胡人训练有素，站在骆驼背上起舞，而其他胡人拿着不同的乐器坐在驼背上神情专注地演奏胡乐。而另外一件唐三彩作品则把杂技项目展现得淋漓尽致，底下的"大力士"铆足劲，一人撑起了6位童子，把千年前的情境生动地呈现在人们眼前。

▲ 唐三彩陶叠置伎俑／摄影 孙岩
底下的"大力士"展开双手保持平衡，握紧拳头用力支撑上面的童子。他上面的童子展现不同的身体动作。整个作品十分生动传神。

◀ 唐三彩釉陶载乐骆驼／摄影 张林
骆驼和其驮载的几名男子看着都神采飞扬。有学者认为此展品所表现的是长安百戏中的杂技节目之一。

此外，胡人还带来了全新的穿衣指南。紧致贴身、方便活动的胡服，与宽袍大袖的汉服形成了鲜明对比，引领了穿着打扮的新潮流。而胡人带来的另一大影响，则是对女性生活的改变。唐朝的女性地位相对较高，她们可以娴静如花，梳上漂亮的发髻，化上精致的妆容，与朋友一起逛街；她们可以潇洒自在，身穿紧身的胡服。唐代妇女不管是身形丰腴还是腰肢纤细，都能大胆自信地走上街头。这是长安最开放、最鲜活的写照。

▲ 唐红陶胡人俑／摄影 杨虎

这个胡人俑浓眉大眼，眼睛炯炯有神，头戴幞头，身穿翻领紧身长衣，两手紧握拳头，威武十足。

▶ 唐三彩腾空马／摄影 胡澍

胡人少年端坐在马背上，其两耳旁各梳着一个发髻，脸庞丰腴，笑容满面，自信地控制住缰绳。

▲ 唐三彩女俑／摄影 朱金华

这位唐代少女头顶梳了一个小发髻，衣裙线条流畅。她面带微笑，神态怡然。

▶ 唐三彩女俑／摄影 张林

女俑头顶上梳着一个精致的发髻，脸庞丰腴饱满，手指纤细，身上的紧身衣裙款式新颖、色彩鲜亮。

▲ 唐陶彩绘女俑／摄影 苏李欢

这位唐代少女拥有精致的妆容，她脸庞圆润，肢体丰满，自信优雅。

·诗人们·

　　而今人想象中的长安城形象，则主要归功于当时挥洒笔墨的诗人们。正是李白、杜甫、白居易、孟郊等令人耳熟能详的大诗人，把这座迷人的大都会印刻在了大家心里。

　　遥想当年，恃才傲物的李白，曾让唐玄宗降辇步迎，在宫廷中留下"云想衣裳花想容，春风拂槛露华浓"的妙笔；一生潦倒的诗圣杜甫，也曾凭借倾世才华，在长安有过"集贤学士如堵墙，观我落笔中书堂"的高光时刻；韩愈目睹初春雨后小草新绿，描绘出"天街小雨润如酥，草色遥看近却无"的清新景色；白居易一句"野火烧不尽，春风吹又生"，让旁人不得不佩服、敬重，在"居大不易"的长安留下自己的姓名……

　　长安承载了太多诗人的记忆。它的名字，仿佛是诗国的入场券，让古往今来的人们无不神往。

▼ 大唐芙蓉园／摄影 肖晖
大唐芙蓉园位于西安市曲江区。现在的大唐芙蓉园是在唐代遗址以北，仿照唐代皇家园林样式重新修建的。如今，每到夜幕降临，华灯初起时，大唐芙蓉园便以另一种姿态重现当年盛唐的风貌。

人逢喜事精神爽，唐代诗人孟郊在 46 岁"高龄"的时候，终于进士及第，内心的烦闷一扫而空，按捺不住的欣喜化成了这首别具一格的诗。

登科后

[唐] 孟郊

昔日龌龊不足夸，
今朝放荡思无涯。
春风得意马蹄疾，
一日看尽长安花。

诗地：

长安：唐朝的都城，如今的西安。

释义：

以往困顿的日子再也不值得一提，如今金榜题名，终于扬眉吐气，内心有着说不尽的畅快。迎着和煦的春风，尽情纵马奔腾，我在一日之内就看遍长安的似锦繁花。

与孟郊的命运不同，唐朝末年，同样来参加科举考试的黄巢不幸落榜。不甘、愤懑（mèn）让他对这个走向末路的唐王朝失去信心。最终他怀着一腔热血豪情，投身于起义军，掀起了历史上著名的"黄巢起义"。他攻入长安，给予了衰落的唐王朝一记重击，同时也宣告了长安长达千年的"都城时代"的落幕。

不第后赋菊

[唐] 黄巢

待到秋来九月八，
我花开后百花杀。
冲天香阵透长安，
满城尽带黄金甲。

诗地：

长安：唐朝的都城，如今的西安。

释义：

等到秋天重阳节到来的时候，菊花盛开，百花凋零。盛开的群菊发出冲天的香气，将整座长安城彻底包围，如同满城皆是身着黄金铠甲的英勇士兵。

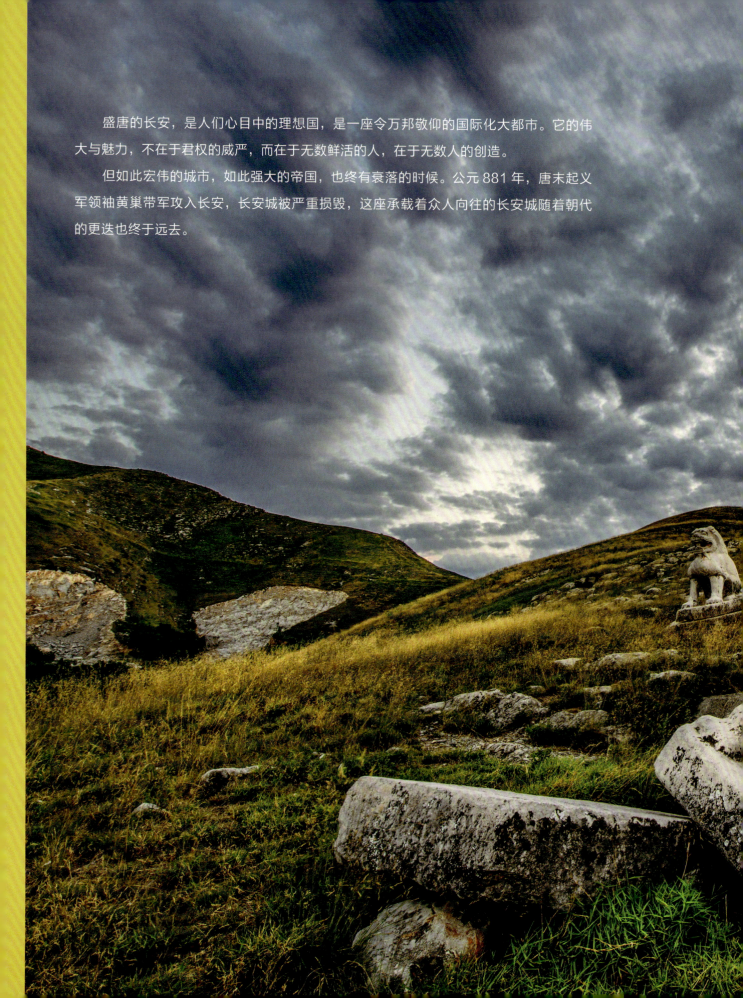

盛唐的长安，是人们心目中的理想国，是一座令万邦敬仰的国际化大都市。它的伟大与魅力，不在于君权的威严，而在于无数鲜活的人，在于无数人的创造。

但如此宏伟的城市，如此强大的帝国，也终有衰落的时候。公元 881 年，唐末起义军领袖黄巢带军攻入长安，长安城被严重损毁，这座承载着众人向往的长安城随着朝代的更迭也终于远去。

▼ 唐贞陵白虎门石狮／摄影 刘锐锋

唐贞陵是唐十八陵墓之一，是唐宣宗李忱的陵墓，位于咸阳市泾阳县西北方的仲山。唐贞陵现存的石刻显露着岁月的痕迹。

军事重镇

唐朝之后，西安再也没有成为王朝的都城，但在宋、元、明、清几代，它依旧是镇守西北的军事重镇。

明清时期在西安修建的城墙就是最好的证明。明清西安城墙周长 13.74 千米，是如今中国保存最完整的城防设施。在没有钢筋混凝土的时代，人们用石灰、土、糯米混合夯（hāng）打，建成西安城墙的最底层，在这上面，再用黄土分层夯筑，最外层再砌上城砖。这样建成的西安城墙十分坚固。

城门的防御系统也非常完善。在大门外修建一重瓮城，如果敌人突破了瓮城门，守军就可以把敌军围在中间，实现"瓮中捉鳖"。瓮城由外向内分别是闸楼、箭楼、正楼，三重三楼，一重套一重，进一步加强西安城的防守能力。

除此之外，在西安城中心地带，人们还建造了钟楼和鼓楼。平时，钟鼓楼可以为人们报时。而在战争发生时，钟楼就化身为重要的瞭望塔。守城者只要登上钟楼，通往城市四个方向的四条大街便一览无余，从而将城内的局势看得一清二楚。

不同时期长安（西安）城范围对比示意

*城门并非真实结构和比例，仅做示意

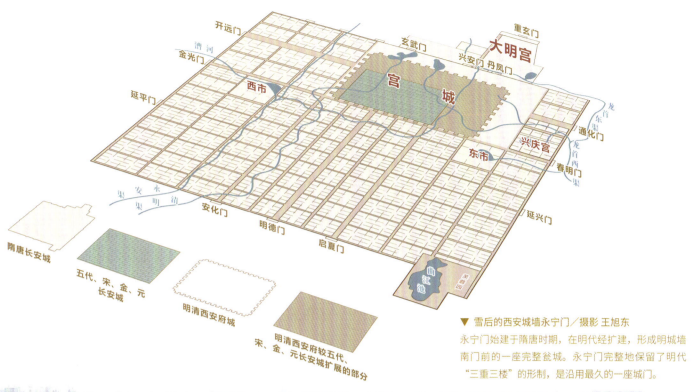

开远门　　　　　玄武门　　　　　重玄门
金光门　　　　　　　　兴安门　丹凤门　　大明宫
灃河
延平门　　西市　　　　宫　城
　　　　　　　　　　　　　　　　　　　通化门
　　　　　　　　　　东市　兴庆宫　　　春明门
集安水渠
清明渠
安化门　明德门　　　　延兴门
　　　　　启夏门

隋唐长安城

五代、宋、金、元
长安城

明清西安府城

明清西安府较五代、
宋、金、元长安城扩展的部分

曲江池

▼ 雪后的西安城墙永宁门／摄影 王旭东
永宁门始建于隋唐时期，在明代经扩建，形成明城墙
南门前的一座完整瓮城。永宁门完整地保留了明代
"三重三楼"的形制，是沿用最久的一座城门。

时间的见证者——古代城市的钟鼓楼

在古装剧中，我们有时能看到这样的情节：夜晚时分街上格外宁静，忽然之间，急促的钟鼓声打破了夜晚的平静，整个城市都笼罩着紧张的气氛，熟睡中的百官大臣忽然惊醒，迅速换上衣服，急匆匆地赶到宫内……

这些声音，来自城市中的钟鼓楼。钟鼓楼包括钟楼、鼓楼两座不同的建筑。它们就像是"孪生兄弟"一样，相互配合，因此人们常将它们合称。

说起它们，也许你会觉得耳熟，不仅西安有钟鼓楼，南京、北京等地也有。为什么许多古城都有钟鼓楼呢？它们又有什么用处呢？

钟鼓楼发挥着怎样的作用？

如今我们想要知道时间，方法非常简单，看看钟表或者手机就可以了。那么古人是怎么知道时间的呢？皇家、官府可能会有日晷、滴漏等计时工具，但普通百姓或者出门在外的人，则需要钟楼和鼓楼。

钟鼓楼作为中国古代城市的报时机构，最初源于城市管理需要。隋唐时期实行宵禁，晚上不允许人们随意外出。如果你在隋唐的城市中生活，当听到晚上鼓声响起时，那就赶紧跑回家里吧。到北宋以后，随着经济的繁荣，城市逐渐趋向开放，但钟鼓报时的制度依然存在。而在元明清时期，钟楼和鼓楼的作用更加多元化，如发生战事等紧急事件时，钟楼还可以发出警报。在明清时期，每天鼓楼、钟楼报时"定更"（晚上7时至9时）后，便意味着城市进入了夜晚，城门会关闭，城内实行"净街"。古代夜里靠敲锣报时的更夫，还会化身为"巡逻队"，手拿着铜锣、梆子和护身器具开始在街上巡逻，给百姓报时，如果发现危险情况就随时报告。

为了在报时或发出警报的时候钟鼓声可以传遍全城，钟鼓楼一般建于城市中心区域，且都会修得很高大，往往还是城内较高的建筑物之一。

钟鼓楼是怎样报时的？

钟鼓楼最主要的功能就是报时。根据明清时北京城的钟鼓报时规则，每天戌时（晚上7时至9时），鼓楼击鼓18下，钟楼再撞钟18下，各击三遍，共计108下，俗称"紧十八，慢十八，不紧不慢又十八"，这就是定更（又称起更或初更）。

之后每两小时为一时辰，分别为亥时（二更，晚上9时至11时）、子时（三更，晚上

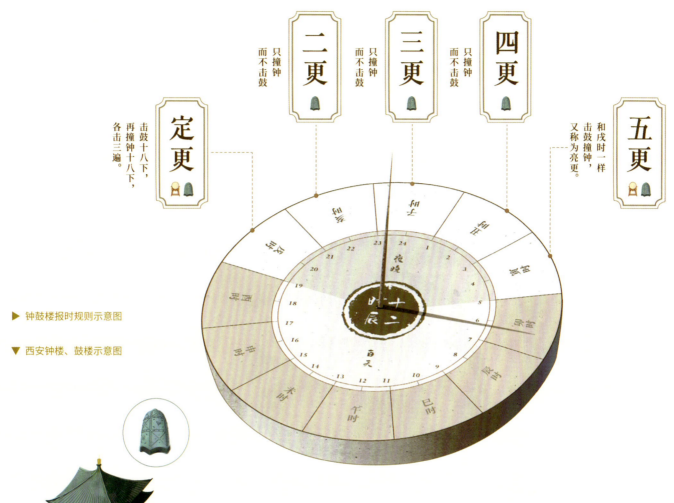

二更
只撞钟
而不击鼓

三更
只撞钟
而不击鼓

四更
只撞钟
而不击鼓

定更
击鼓十八下，
再撞钟十八下，
各击三遍。

五更
和戌时一样
击鼓撞钟，
又称为亮更。

▶ 钟鼓楼报时规则示意图

▼ 西安钟楼、鼓楼示意图

11 时至次日 1 时）和丑时（四更，凌晨 1 时至 3 时）都只撞钟而不击鼓，且每个时辰只撞一次。到第二天的寅时（凌晨 3 时至 5 时）会和戌时一样击鼓撞钟，这就是亮更。亮更后，城门就会打开，代表城内新的一天就要开始了。

报时的钟声与鼓声，在漫长的古代一直陪伴着生活在城市中的百姓，成为城市生活中无法忽略的存在。直到近代，随着机械钟表的普及，钟鼓楼的报时功能逐渐走向终结，钟鼓声彻底成为古城居民的一个悠长回忆。

目前国内保存较好的钟鼓楼，除了位于西安、北京这些古都城市的钟鼓楼外，还有四川泸州钟鼓楼、广东茂名钟鼓楼、宁夏银川钟鼓楼、甘肃酒泉钟鼓楼、河南安阳钟鼓楼等等。这些古老的建筑如今依然矗立在城市中央，成为时代的记录者和见证者。

现代西安

今天的西安市，虽然不再是都城，也卸去了西北军事重地的职责，但它依旧是我国西北地区重要的经济、文化中心，也是西北地区的交通枢纽。如今，西安的地位还在不断提升，城市面积也在不断扩大。曾经的丰镐二京、大兴城、长安城，都融合在了崭新的西安市里，成了它古老而鲜明的印记。

▲ 西安城墙东门／摄影 苟秉宸
在古老的城墙东门前，一位年轻人纵身一跃，这是年轻与古老的碰撞。

▶ 秦腔特技——吹火／摄影 陈团结
秦腔又称为"梆子腔"，由古代陕西、甘肃一带的民间小曲发展而来，具有西北豪放、粗犷的特质。吹火、耍牙、咬牙、顶灯等都是秦腔的传统特技。

▲ 西安交通大学／摄影 郑斐元
深秋时节，金黄的树叶给校园增添了一份鲜亮的色彩。

　　这样一个经济、交通、文化发达的城市，吸引了无数人前来。这里有被西安的历史和文化吸引而来的游客，他们能看到独具特色的历史风貌街区、古建筑、兵马俑，以及秦腔等传统文化，能够品尝到水盆羊肉、肉夹馍等特色美食；还有被西安开放包容的氛围吸引而来的各种宗教界人士，这里既有佛教寺院，也有清真寺、天主教堂；还有大量工人、高新技术人才等，被西安良好的文化和科技氛围吸引而来，他们进入一流的高校、中国重要的制造业基地以及科技创新企业；还有年轻人在此组建乐队、学习歌舞、发明创造，为西安不断地注入活力。

　　3000 年来，一代代西安人的脚步不曾停下，他们在这片土地上拥抱传统、超越创新，这股活力成了西安最悠久的魅力，历久而弥新。

　　这就是西安持续吸引人的秘密，即一代代西安人的创造！

2 河南

造山、造水、造中华

太行秦岭，桐柏大别

群山目睹着

商代的文治武功

东周的群雄逐鹿

唐宋的十里繁华

以及十三朝造就的"神都"

还有

河流之上，货船首尾相接

都市之中，人群熙熙攘攘

呼啸的列车通向四面八方

丰盛的粮食摆上国人的餐桌

一代代人

塑造了这片沧桑土地

它——

是中原！

是老家！

是河南！

中国十大古都在各省（市）的分布
及河南四大古都的定都朝代

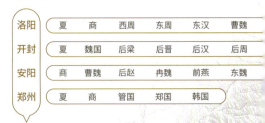

洛阳	夏	商	西周	东周	东汉	曹魏
开封	夏	魏国	后梁	后晋	后汉	后周
安阳	商	曹魏	后赵	冉魏	前燕	东魏
郑州	夏	商	管国	郑国	韩国	

	西安	北京	南京	杭州	大同	成都
河南	陕西	北京	江苏	浙江	山西	四川

老鸦岔脑 2414米

冠云山 1806米

秦

河南

"陆地之心"

以郑州为中心的"2 小时高铁经济圈"，
覆盖半径 500 千米、人口 4.08 亿。

—— 在建 "米"字形高铁格局

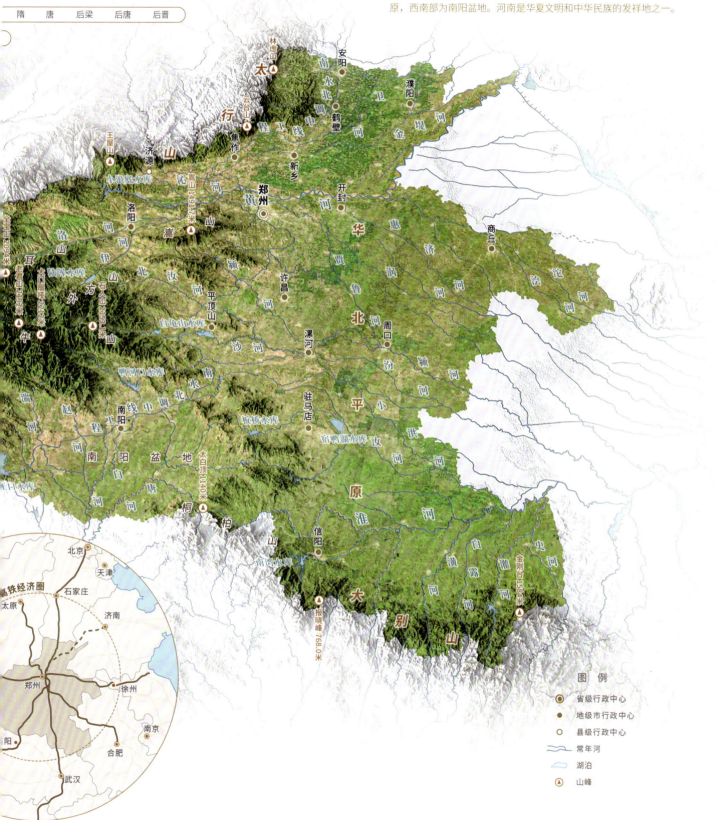

▼ 河南地形图

河南，历史上其大部分区域位于黄河以南，故名河南。河南古属于豫州，因而简称为"豫"。河南全省总面积16.7万平方千米，省会为郑州市。河南地处中国第二、三级阶梯的过渡地带，地势西高东低。北、西、南三面被太行山、秦岭、桐柏山、大别山所环抱，中东部为平坦辽阔的华北平原，西南部为南阳盆地。河南是华夏文明和中华民族的发祥地之一。

图　例

◎ 省级行政中心

● 地级市行政中心

○ 县级行政中心

〜 常年河

▱ 湖泊

▲ 山峰

▼ 太行山林州大峡谷／摄影 付有良
如刀劈斧削般的悬崖峭壁以及幽深的峡谷一览无余，薄薄的云雾
也无法遮盖其巍峨雄壮的气势。

　　说到河南，不得不提的是它的三大特点。

　　第一，是它的"年龄"。说到古都，很多人可能首先想到西安，但其实，河南同样拥有许多古都。从中国史书中记载的第一个世袭制朝代——夏朝，到宋朝，河南在很长时间内都是中国的政治、经济、文化中心之一，先后有20多个王朝在这里定都，是中国建都朝代最多、建都历史最长、古都数量最多的省份。

　　第二，是它的名字。河南除了本名外，还有一个响亮的别称——中原！中原，指黄河中下游地区（河南一带）。这里被视为天下中心，自古就有"得中原者得天下"之说。

　　第三，是它的地形。河南有着广阔的平原，但它的山地丘陵合计占全省面积的44%以上。可以说是一半山地、一半平原了。

　　当我们从空中俯瞰，会发现河南的地形西高东低。它的北边、西边和南边被太行山、秦岭余脉、桐柏山和大别山环抱，形成了一个向东部敞开的怀抱，怀抱之中是辽阔的华北平原，黄河在其中肆意奔流。这就是河南完整的面貌。

　　大自然在中原大地上创造出的山川、河流、平原等景观，共同成为文明的沃土，创造出一段段历史奇迹，将河南推向一个又一个高峰，甚至奠定了华夏文明的根基。

太行山时代

　　首先助力河南脱颖而出的是太行山。太行山南北绵延 400 多千米，大部分海拔在 1000 米以上，是中国第二级阶梯和第三级阶梯的分界线，也是山西与河北、河南的界山。

　　在河南境内，太行山就像一面弧形高墙，矗立在河南的西北边。一系列陡峭的悬崖绝壁兀然出现在平原边缘，显得高大雄伟，似乎难以逾越。生活在山中的人们想要与外界交流，只能在陡峭的山上修建蜿蜒曲折的盘山公路，或者硬生生在绝壁之上劈开山石，凿出穿山公路。

▶ 河南太行山片区地形图

▼ 太行山间的盘山公路／摄影 付有良
林州市石板岩镇大垴村附近的盘山公路，如一条巨龙在山间蜿蜒盘旋。

0　　25　　50千米

N

太

行

南
水
北
调
中
线
工
程

山

▲林虑山

● 安阳

● 鹤壁

▲云台山

王 屋 山

▲王屋山

○ 济源

沁 河

● 焦作

西霞院水库

▲ 云台天瀑／摄影 石耀臣
落差 314 米，下方阶梯为参照物，可见其高度差之大。
瀑布从高山上飞流直下。山崖下泛起了一道小彩虹。

◀ 郭亮洞挂壁公路／
摄影 朱金华
20 世纪 70 年代，为了改变村子的落后状况，郭亮村的村民们自发组织了一个队伍，在没有现代技术和机械帮助的情况下，仅用铁锤、钢钎等简陋的工具，历时 5 年，在悬崖绝壁上凿出一条长 1250 米的挂壁公路。

　　高大的山体在挡住人们的脚步的同时，也拦截了来自太平洋的水汽。水汽最终积云成雨，在山脉的迎风坡形成了一条湿润的多雨地带。降落山间的雨水汇成大大小小的溪流，在山中侵蚀出一处处峡谷、绝壁，也形成飞瀑飘然而下。例如落差达 314 米的"云台天瀑"，宛若一条银河从天空飞落，宏伟的气势令人叹为观止。当河流冲出山谷，来到地形平缓的山脚时，河水挟带的泥沙就慢慢地堆积成了一个平缓的、广阔的、如扇形的斜面，它有一个形象的名字——冲积扇。

　　冲积扇的最外缘，对古人来说是不可多得的风水宝地，这里既有充足的水源，又有肥沃的土壤。而太行山中密布的丛林，则拥有丰富的动植物资源，人们可以捕捉猎物、采食野果、伐树建屋。同时，地壳隆起成山，让原本深埋地下的矿藏，抬升到离地表更近的地方，甚至直接裸露到地表，易于开采。一个属于太行山的时代即将来临。

什么是冲（洪）积扇和冲积平原？

河流是一个天然的"搬运工"。河流在流动的过程中，可以搬运碎石或者泥沙等物质。径流量相同的情况下，河流的流速越大，搬运能力越强。而当河流流速变慢，其搬运的"货物"就会慢慢"卸下来"，形成冲（洪）积扇、冲积平原等河流堆积地貌，这就是河流的堆积作用。

山前地区

河流中下游

牛轭湖

山前冲积平原

　　主要位于山前地区，是在冲（洪）积扇的基础上发展而来的。当各条河流形成的冲（洪）积扇不断扩大，彼此相连，就会形成山前冲积平原。这里土壤肥沃，河流可为村庄生活、耕作带来充足的水源。河南的洛阳正是在这样的地理环境中发展起来的。

河漫滩平原

　　也称为"泛滥平原"，主要位于河流中下游。在弯曲的河流中，其所挟带的泥沙在河流流速较慢的凸岸堆积，形成水下堆积体。随着堆积体不断扩大增高，并在枯水季节露出水面，河漫滩就此形成。在洪水期间，河流泛滥，河漫滩又会被河水淹没，继续堆积，河漫滩不断扩大增厚。在顺直的河流中，当洪水泛滥时，其所挟带的泥沙也会在河流两岸形成堆积体，并随着河水的一次次泛滥而不断增高，在河流两岸形成河漫滩。当河流改道或向下侵蚀时，河漫滩会被废弃。当一个个被废弃的河漫滩彼此相连，就形成了面积广阔的河漫滩平原。长江中游地区的江汉平原腹地便是典型的河漫滩平原。

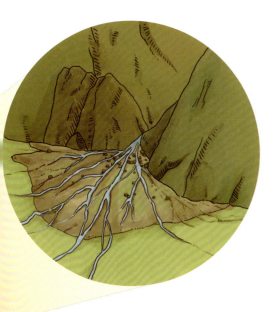

天然"大扇子":冲(洪)积扇

当挟带大量泥沙、碎石的河流或洪水冲出狭窄的山口进入开阔地带后,水流分散,流速变缓,泥沙、碎石在山口堆积起来,最终形成扇形地貌,称为冲(洪)积扇。其中常年河流堆积形成的是冲积扇,干旱半干旱区的季节性洪流形成的是洪积扇。

在冲积扇的不同位置,堆积物的粒径各不相同。随着水不断向外流,河流的搬运能力逐步递减,堆积物颗粒的粒径从扇顶到扇缘逐渐变小。扇缘与扇顶相比,堆积物(土)更加细腻肥沃,保水性更好,受洪水威胁也更小,适合耕作。人们在此开垦农田,修建房屋,形成一个个村落,甚至发展为城市。安阳、焦作等城市即位于冲积扇附近。

三角洲平原

三角洲平原一般会出现在河流的入海口处。河流在流入海洋时,由于受到海水的阻碍,河水流速变慢,大量泥沙在入海口附近堆积。泥沙逐渐堆积增高,露出水面,形成平坦开阔的平地。而河流在平缓的地方容易分岔,形成多条入海支流,最终塑造出三角形的堆积体,即三角洲。三角洲出露水面的部分就是三角洲平原,如珠江三角洲平原、长江三角洲平原等。

入海口

体量更大的"大毯子":冲积平原

冲积平原同样是由河流搬运的"货物"堆积形成的。冲积平原一般由一条或几条河流共同作用而形成,堆积的"货物"体量更大。根据形成部位的不同,冲积平原主要包括冲(洪)积平原、河漫滩平原、三角洲平原三种类型。

时间回到 3000 多年前的商代。由于频繁的自然灾害与王朝内部的权力争斗，商部族在很长的一段时间内常常居无定所。在商朝建立以前，商部族竟迁徙了 8 次。即便是商朝建立后的 300 年里，商部族也发生了 5 次迁徙。

频繁的迁徙，不利于商王朝的统治，商王朝也在频繁的自然灾害和政治动荡中陷入危机。直到公元前 1300 年，商王朝的首领——盘庚，把都城迁到了太行山山脚下一个叫"殷"的地方，史称"盘庚迁殷"，而殷的所在地就是今天的安阳。自从盘庚迁殷后，商部族也终于定居下来，结束了频繁迁徙的日子。这是中国历史上第一个有文献可考，并为甲骨文和考古发掘所证实的古代都城遗址——殷墟。

▼ 林州太行大峡谷的太行平湖／摄影 付有良
雪后的林州太行大峡谷，山峰巍峨峥嵘。太行平湖静卧在峡谷间，蔚蓝的湖水倒映着天空的颜色。白雪、湖水、山峦共同构成了一幅寂寥肃杀的冬日山水图。

政局稳定的商朝逐渐强盛起来。商人们利用山中的铜矿，大规模冶铸青铜器，包括祭祀的礼器、敲打的乐器、作战的武器、喝酒的酒器等。这些青铜器制作技艺精湛，令人叹为观止，其中最具代表性的当数后母戊鼎！

商人们崇拜鬼神，在打仗、狩猎、农耕、畜牧、祭祀等活动前会进行占卜，并将占卜的内容和结果刻在龟甲或兽骨上，而这些记录所依赖的是一项伟大的发明——甲骨文，这是中国已知最早的具有完整体系的文字系统。后来，他们也在青铜器上铸造铭文，这就是金文。

盘庚迁殷之后，商部族在安阳一带度过了 200 多年的时光。自此以后，安阳成为历代王朝府、州、县的治所。三国两晋南北朝时的曹魏、后赵、冉魏、前燕、东魏、北齐，也先后在安阳附近的邺城建都。一代又一代的王侯将相在这里创造了辉煌灿烂的文化，成就了河南如新星般闪耀的太行山时代。

殷墟中有哪些惊世之宝?

1928 年,考古学家在安阳进行考古发掘,发现了震惊世人的殷墟。殷墟里埋藏着的一件又一件惊世国宝,向我们诉说着那个遥远的朝代和辉煌的城市。那么,殷墟里都发现了哪些宝贝呢?

中国最早具有完整体系的文字:甲骨文

在今天,中国朝代起于夏、商、周三代已是深入人心。然而,在一个世纪以前,学者们却对夏代甚至商代的存在表示怀疑——除了文献记载和历史传说,没有任何实物证据表明夏代和商代真实存在。直到人们在安阳发现了大量刻有占卜文字的龟甲、兽骨,人们才终于确信,商代真的存在!

甲骨文的发现实际上颇具传奇色彩。清朝末年,在河南安阳小屯村,人们在田间地头发现了很多带有刻画符号的龟甲和兽骨。但当时的人们并没有特别看重,只把它们当作一种叫作"龙骨"的中药材。一位叫作王懿(yì)荣的清朝官员在从药店买来的"龙骨"上偶然发现了一系列符号,他惊喜地推测:这就是商代的文字!后来,金石学家刘鹗(è)将对部分甲骨的研究集合成册,出版了我国第一本甲骨文著作《铁云藏龟》,首次将这些甲骨上的刻字公开展现在世人面前。

▲ 甲骨片/摄影 张林
所用的是龟甲。

这些文字绝大多数是刻在龟甲或者其他兽骨上的,因而人们将这种文字称为甲骨文。汉字造字的"象形""指事""会意"等"六书"之法,在甲骨文上已经具备,因此它被认为是目前中国最早的具有完整体系的文字系统。

在殷墟出土的甲骨文,大部分是殷商王室占卜而刻下的,有些甲骨上记载着商人占卜与周边部族战事的结果,有些则记载着商人对祖先、神明的祭祀活动。除此以外,农耕、畜牧、自然灾害、疾病等大小事务,都在甲骨卜辞中有所体现。这些甲骨卜辞是商朝国家与社会状况的极佳反映,是一部关于商朝的百科全书,向人们证实了中国悠久且古老的文明的存在。

▲ 甲骨片/摄影 王羊
所用的是兽骨。

殷商重器：后母戊鼎

　　鼎，是古代用来烹煮或者储存食物的用具，更是中国古代最为重要的礼器。传说大禹曾经铸造九鼎，象征着天下九州、国家社稷，是拥有非凡意义的国之重器。处在青铜文明兴盛时期的商代，铸造了众多青铜鼎，展现了商王朝强大的国力。

　　在殷墟出土的后母戊鼎是目前已知最重的青铜器。它是商王文丁为祭祀自己的母亲而铸的，"戊"是庙号。整个鼎的形制巨大，重达832.84千克，想要铸造这个青铜器"王者"至少需要1000千克的原料。后母戊鼎不仅体形巨大，它长方形的鼎身周围以及鼎足上还刻着回旋曲折的云雷纹、形同小鱼的鱼纹、双虎食人首纹、状如兽面的饕（tāo）餮（tiè）纹等纹饰。如此硕大精美的青铜器代表着商朝时期高超的青铜铸造水平以及辉煌的青铜文明。

▼ 后母戊鼎／摄影 苏李欢
1939 年出土于安阳，现藏中国国家博物馆，为国家一级文物。

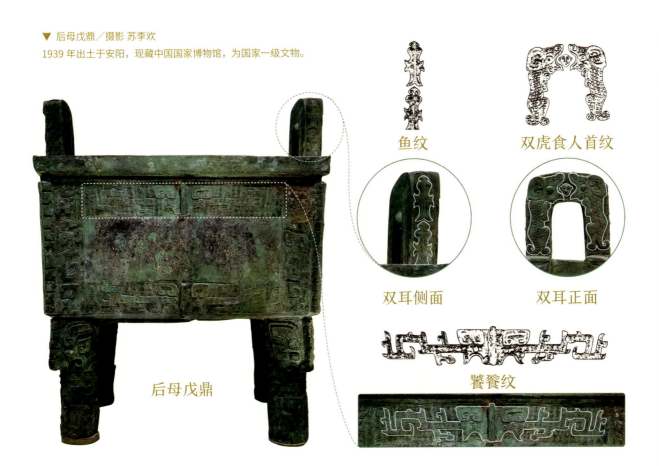

鱼纹　　双虎食人首纹

双耳侧面　　双耳正面

后母戊鼎　　饕餮纹

巾帼不让须眉：妇好墓

1976 年，考古学家在对殷墟宫殿区遗址进行保护性考古发掘时，发现了一处商代墓葬。墓中出土了大量的青铜器、玉器、象牙器。诸如一灶三眼的"炊具"青铜三联甗（yǎn）、状如宫殿的酒器青铜偶方彝（yí）、以猫头鹰为造型的青铜鸮（xiāo）尊等青铜器，更是前所未见。根据出土的文物，人们判定墓主人是商王武丁的妻子妇好。妇好是谁？为什么她有如此多的陪葬品？一切都要从妇好的传奇经历谈起。

盘庚迁殷之后，商朝的政局逐渐走向稳定兴盛。到商王武丁时，商朝加强对边疆的经营，商王朝的疆域不断扩大，南到淮河、汉江流域，北至河北中北部一带。商王武丁能够取得这样的政绩，自然少不了能征惯战的军队统帅。而战功卓著的却是一位女性——妇好。妇好是商王武丁的妻子，同时还是商代的英雄女将。在古代出征战场的几乎都是男性，妇好巾帼不让须眉，多次带兵出征，协助武丁征战沙场。

◀ 玉凤／摄影 苏李欢

1976 年出土于河南省安阳市殷墟妇好墓，现藏于中国国家博物馆。这块玉凤线条流畅，姿态优美，有着尖尖的喙和飘逸的凤尾。

▶ （左）青铜偶方彝／摄影 苏李欢

1976 年出土于河南省安阳市殷墟妇好墓，现藏于中国国家博物馆。彝，为盛酒的器具。这个方形彝造型奇特，像是两个相同的方彝相连，因此得名。上部有着一个殿堂屋顶般的盖，盖的边缘又整齐排列着 7 个方槽，形似屋檐。专家们猜想这可能是当时商朝人模仿大型宫殿建筑的形状而设计的。

▶ （右）青铜鸮尊／摄影 苏李欢

1976 年出土于河南省安阳市殷墟妇好墓，原器为一对两件，一件收藏于中国国家博物馆，另一件收藏于河南博物院。尊是一种盛酒的礼器，鸮就是猫头鹰。在商人心中，猫头鹰是克敌制胜的战神。这个尊以鸮为原型制作，有着圆圆的大眼睛、竖立的耳朵、粗壮有力的双足，气势昂扬，雄壮威武。

然而，不幸的是，这样一位颇具英雄色彩的女性，在 30 多岁时不幸去世。痛失爱妻的武丁将她安葬在殷墟的宫殿宗庙区附近。随她一同埋葬的，还有 460 多件青铜器、750 多件玉器、47 件宝石制品、63 件石器、560 多件骨器等随葬器物。

　　妇好墓是殷墟中第一个有确切墓主人信息和年代的墓葬，墓葬中出土的一件件文物，向我们展示着商王朝的强大鼎盛。妇好在中国历史的长河中，留下了属于女性的辉煌一页。

　　著名历史学家郭沫若曾说："中原文化殷创始，观此胜于读古书。"可见，殷商时期在中华文化发展史上画下了浓墨重彩的一笔。在殷墟出土的一件件青铜器、一件件神秘的甲骨，让人仿佛可以触摸到商代鼎盛时期的气息。

▶ 青铜三联甗／摄影 张林
1976 年出土于河南省安阳市殷墟妇好墓，现藏于中国国家博物馆。甗，指的是古代蒸煮用的炊具，一般分为两层，上部为甑（zèng），用来盛物，下部为鬲（lì），用来盛水，中间有孔以通蒸汽。一般一个甗由一甑一鬲组成，这个甗由三组连为一体，故名三联甗。

魏晋南北朝以后，隋朝统一全国，安阳一带此后再也没有成为统一王朝的都城。随着太行山时代渐渐落幕，河南迎来了秦岭时代。

秦岭作为东西延伸超过 1000 千米的巨大山脉，横亘在中华大地之上，是中国南北的重要地理分界线之一。高大的秦岭到了河南西部就逐渐分出了许多支脉，造就了嵩山、崤（xiáo）山、熊耳山、伏牛山等，这里是河南省内山地最密集的区域。

其中，伏牛山是河南西南部最大的一条山脉，它山势高峻雄伟，1500 米以上的山峰广泛分布。主峰老君山，海拔 2192 米，山脊呈锯齿状，山峰尖削突兀。名扬天下的中岳嵩山，属于秦岭山系东延的余脉，虽然其最高峰海拔只有 1512 米，但从空中俯瞰，能清楚地看出嵩山从平原上拔地而起的雄伟。雪后的嵩山，加上中国名刹——嵩山少林寺，别有一番世外雪国的味道。

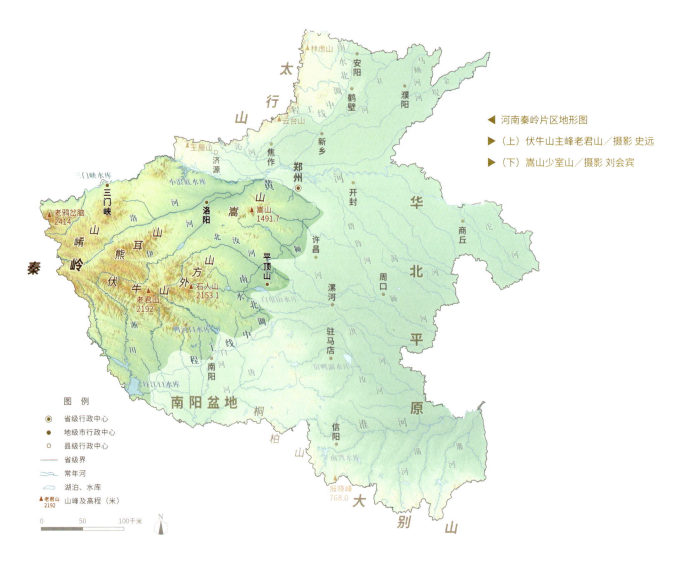

◀ 河南秦岭片区地形图

▶ （上）伏牛山主峰老君山／摄影 史远

▶ （下）嵩山少室山／摄影 刘会宾

相比太行山区，河南的秦岭地区更加湿润，夏季风带来大量水汽，化作降水。降水在山间形成涧河、洛河、伊河、瀍（chán）河等，它们挟带泥沙在山脚堆积成广阔的冲积平原。

洛河两岸土地平坦肥沃、水源充足、气候宜人，很早就成为古人安居乐业的地方。同时，这里有便利的水运条件，还有秦岭支脉合围守护，易守难攻，因此成为一处不可多得的帝王之宅。从夏朝开始，先后有多达十三个王朝在洛阳建立都城，成就了如今赫赫有名的"十三朝古都"！

▲ 伏牛山云海／摄影 石耀臣

十三朝古都洛阳，是哪十三朝？

朝代	都城名称
⊙ 夏	斟（zhēn）鄩（xún）
⊙ 商	西亳（bó）
⊙ 西周	洛邑、成周
⊙ 东周	成周
⊙ 东汉	雒阳
三国曹魏	
西晋	
北魏	
⊙ 隋	洛阳
唐（含武周）	
后梁	
⊙ 后唐	东都
⊙ 后晋	西京

*建都洛阳有九朝、十朝、十三朝等多种说法，本文采取苏健先生著作《洛阳古都史》中提出的"十三朝"之说。

洛阳市

　　唐朝时，武则天不仅将都城从长安迁到洛阳，还将洛阳奉为"神都"。她在洛阳修建了奢靡繁华的礼制建筑——明堂，也称"万象神宫"。明堂高度达 88 米，中间的巨型通心柱，直径有十人合抱之粗。明堂之外的塔名为"通天浮屠"，也称"天堂"，无论名称还是建筑本身，都极富美感，是当时洛阳的地标性建筑。它的建设也象征着从李唐到武周的政治更替。除了惊世骇俗的礼制建筑，武则天还建造了大量佛寺，开凿大佛，受人顶礼膜拜。龙门石窟中的卢舍那大佛，据说就是按照武则天的形象塑造的。

　　洛阳的发展由此步入巅峰。繁华的洛阳城，也留下了李白、刘禹锡、王昌龄等文人墨客的足迹。此后，洛阳在人们心中留下深刻的印象。在今天的江西、福建、广东、湖北、湖南、台湾等地，仍可以见到洛阳村、洛阳镇等与洛阳有关的名称，就连日本京都也曾经把"洛阳"当作别名。

　　这便是河南的秦岭时代。

▲ 明堂和天堂／摄影 王煜文
今天我们在洛阳见到的明堂和天堂是在遗址上复建的。

石刻艺术的博物馆：龙门石窟

位于洛阳市南郊伊河两岸的龙门石窟是中国四大名窟之一，堪称中国石刻艺术博物馆。这里浓缩了古都洛阳自北魏以来400多年的历史变幻，是中国雕刻艺术史上的瑰宝。

北魏时期，佛教兴盛。孝文帝迁都洛阳后，在洛阳南郊风景秀丽的伊河岸边修建了龙门石窟的第一个石窟——古阳洞，由此拉开了石窟开凿的大幕。随后，这里成为迁都洛阳初期北魏皇室贵族、宫廷大臣争相抢凿的"黄金宝地"。从顶到底，这里都凿满了佛龛（kān）。这是龙门石窟开凿的第一个高峰时期。

从唐朝开国到盛唐年间，龙门石窟迎来了开凿的第二个高峰。这是石窟开凿时间最长、规模最大的阶段，所凿石窟无不体现盛唐时期的风华。龙门石窟最高大的佛像——卢舍那大佛就开凿于这一时期。它高17.14米，其中头高就有4米，传说这一佛像是按照武则天的容貌所雕刻的。这一时期建造的佛像面形圆润，体现了盛唐时期天下太平、人民富足的社会状态。

龙门石窟从北魏开始，经历了东魏、西魏、北齐、隋、唐的持续开凿，共有2000多座石窟，约10万尊造像。如今，当虔诚的佛教徒或者慕名前来的游客来到伊河两岸，抬头仰望这一个个石窟、一尊尊佛像时，就能感受到当年佛教的盛况。

▼ 龙门石窟／摄影 石耀臣

龙门石窟与莫高窟、云冈石窟、麦积山石窟并称为中国四大石窟，于 2000 年被列入《世界文化遗产名录》。

▲ 卢舍那大佛／摄影 李平安

卢舍那大佛位于龙门石窟西山南部的奉先寺内，是石窟中规模最大的佛像。它通高 17.14 米，一只耳朵就近 2 米。卢舍那大佛开凿于唐高宗时期，虽历尽千年的风霜，但大佛圆润丰满的脸庞、典雅端庄的气质依然震撼人心。

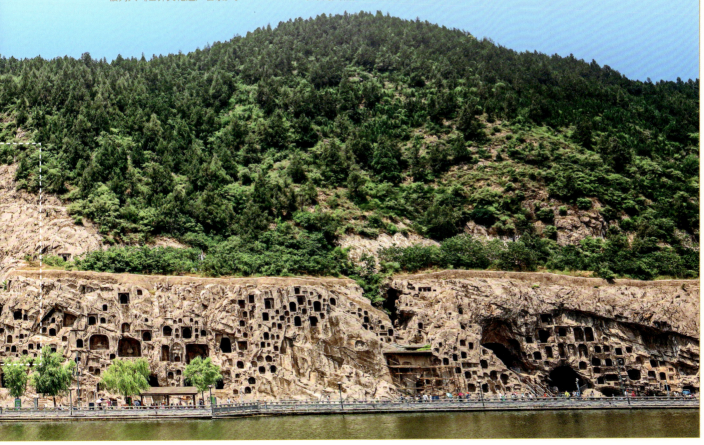

河南

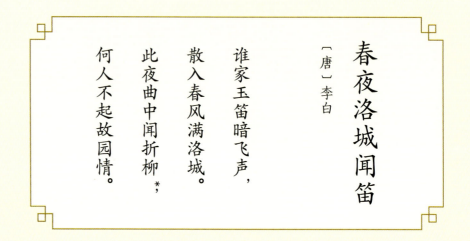

唐玄宗时，李白客居繁华的洛阳城。在一个夜深人静的晚上，不知从哪里传来了悠扬的笛声，顿时触动了这位久居他乡的诗人的思乡之情。

春夜洛城闻笛

〔唐〕李白

谁家玉笛暗飞声，

散入春风满洛城。

此夜曲中闻折柳*，

何人不起故园情。

* 折柳：指笛曲《折杨柳》。古代有折柳送别的风俗，人们在送别时常常折下柳条赠予离人，以表伤别之情。"折杨柳"也就成为表达惜别之情的一种意象。

诗地：

洛城：指的是洛阳城。

释义：

在一个宁静的夜晚，不知道从哪里传来了悠扬的笛声。笛声随着春风飘呀飘呀，传遍了整个洛阳城。晚上听到《折杨柳》这首充满离愁别绪的曲子，有谁能不思念自己的故乡？

在太行山时代与秦岭时代，熠熠生辉的安阳、洛阳如同两颗巨星在河南大地上闪耀。而在巨星之外，还有一颗"星"在河南省南部发出光芒。这就是河南的第三列山脉组合——桐柏山—大别山！相比秦岭、太行山，桐柏山、大别山的知名度、影响力相对较小，但它们是未来更为波澜壮阔的一幕出现的必要条件。

大别山的形成，源于华北陆块与扬子陆块的挤压，它与秦岭一道在地质学上统称为"秦岭—大别造山带"。作为秦岭的东部延伸，桐柏山—大别山既是河南、湖北两省的分界，也处在亚热带与暖温带的过渡地带。冷暖空气在这里相遇，带来了丰沛的雨水，让这里成为中国七大水系之一的淮河的发源地。

▼ 河南大别山—南阳盆地片区地形图

图 例

● 地级市行政中心

—— 省级界

〰 常年河

◯ 湖泊、水库

▲报晓峰 山峰及高程（米）
768.0

0   25   50千米

N

南 阳 盆 地

南阳

南水北调中线工程

白河

唐河

桐柏山

信阳

南湾水库

▲报晓峰
768.0

大 别 山

潢河

灌河

桐柏山—大别山与伏牛山之间，是著名的南阳盆地。在遥远的白垩纪，大量恐龙在此生活、繁衍。这些远古巨兽在这里留下了众多遗迹，它们随着世间的沧桑巨变沉入地下，变为化石。在南阳盆地内恐龙蛋化石的产地有约 500 处。同时据不完全统计，南阳盆地内恐龙蛋化石已有 8 科 12 属 36 种，占我国恐龙蛋化石种属总数的 80%，占世界总数的 70 % 以上。这里的恐龙蛋化石数量之大、种类之丰富，在全世界都无出其右。

▼ 嵖（chá）岈（yá）山／摄影 宋达
嵖岈山属于桐柏山脉，球状风化的花岗岩石蛋、石柱布满群山，怪石林立，
青草绿树点缀其间，山间湖光倒影，颇有南方山水的灵秀之气。

当然，山脉并没有将南阳盆地围得严丝合缝，在盆地的东北角留下了一个缺口，这个缺口成为中国南北沟通的交通要道。而肥沃的土地、优越的水热条件也很早就吸引了古人在此生活。

东周时，《左传》记载楚国的先祖若敖、蚡（fén）冒"筚路蓝缕，以启山林"，率领楚人在这一带逐渐建立起新的都城，让南阳成为楚文化发源地之一。扼守南北交通要道的南阳，历经春秋、战国及秦代的发展，到西汉时已成为全国六大都会之一。当时的南阳称为"宛"，商业繁盛。《史记》记载这里"业多贾"，意思是这里的人们往来众多，多以经商为业。

大平原时代

第4幕

三个山岳时代悉数登场之后，河南最为辉煌灿烂的时代——大平原时代终于到来。这次出场的主角不再是山岳，而是一条超级大河——黄河。黄河一路奔腾，从青藏高原收集了丰沛的河水，又从黄土高原卷走了大量的泥沙。当黄河冲破太行山与秦岭的封锁，进入如今河南的中东部地区后，等待它的是一片广阔的舞台。从山中汹涌而来的黄河在这里放慢脚步，卸下泥沙，泥沙逐渐堆积形成平原。平原上黄河肆意奔流、来回摆荡，平原逐渐扩大，再加上南北两侧海河、淮河的助力，一个大型冲积平原——华北平原诞生了。

平原之上，水系纵横。在没有铁路的时代，这些天然河道成为人们运送货物的便捷通道。为了方便交通、引水灌溉，古人还在平原之上开凿了一系列人工河道。如战国时期魏惠王修建的鸿沟，沟通了黄河水系与淮河水系，让魏国都城大梁（今开封）成为中原地区水陆

◀ 河南华北平原片区地形图

▶ 北宋张择端《清明上河图》（局部）

桥上人头攒动，摩肩接踵，街道两旁商业繁荣，再现了北宋都城的繁华。

图例

⦿ 省级行政中心
● 地级市行政中心
○ 县级行政中心
— 省级界
～ 常年河
▱ 湖泊、水库
▲老君山 山峰及高程（米）
2192

0   50   100千米

少年中国地理：北方大地

交通枢纽之一。隋炀帝开凿大运河，从洛阳到江南的通济渠同样经过开封。隋唐以后，凭借着肥沃的大平原和发达的水系，开封跃居而上，成为五代十国时期后梁、后晋、后汉、后周四朝的都城。北宋建立之后，东京（今开封）一跃成为当时世界上最大、最繁华、人口百万的超级大都市。

大平原时代的最大成就，不再局限于单个城市的繁荣。北宋时期，以开封为中心的河南，把古代中国人的物质文化生活推向了前所未有的高度！火药、指南针、天文时钟、水力纺织机等新奇的"高科技"不断涌现，商业空前繁荣，许多城市打破了旧有的坊市界限，街市逐渐兴起，琳琅满目的商铺扩散到大街小巷。城市的"夜生活"也更加丰富多彩，逛夜市成为开封人民的日常。

北宋著名画家张择端的《清明上河图》，就记录了都城东京热闹非凡的城市面貌和社会各阶层人民的生活状况。

这便是河南的大平原时代！

八朝古都开封，是哪八朝？

朝代	都城名称
◉ 夏	老丘
◉ 战国（魏国）	大梁
◉ 后梁	东都
后晋	
后汉	
◉ 后周	东京
北宋	
◉ 金	南京

开封市

北宋东京的夜生活有多丰富？

　　每到夜晚，城市中总有一些街区摩肩接踵、热闹非凡，人们呼朋唤友，或是火锅配凉茶，或是烧烤加啤酒，谈天说地，消解一天的疲乏。这就是今天常见的夜市。有人可能会想，古人都是"日出而作，日落而息"，他们的夜生活应该很单调吧。其实，早在1000多年前，夜市就已经出现了。在唐后期，商业日益繁荣，坊和市之间的界限被打破，宵禁

杂技

杂技为北宋时期的娱乐节目之一。图中杂技名为"寻橦"，早在战国时期已出现，在北宋时期依然流行。

酒楼

提供饮酒、食物的场所，规模较大的酒楼被称为正店，规模较小的被称为脚店。

招幌

为店铺的招牌。北宋时期店铺各式的招幌五花八门，有竖招、横招、坐地招、幌子等。

流动茶摊

东京城内不仅有固定的茶肆或茶坊，也有游走在街边小巷的流动茶摊。

果子行

北宋时期的东京为全国商品的集散地，不仅能买到枣、梨、桃等北方水果，还能尝到甘蔗、荔枝等南方水果。

制度逐渐被取消，夜市、街市随之发展起来。而到了北宋时期，夜市更加繁荣，都城东京俨然成为一座不夜城。

北宋时的东京城，茶坊、酒肆、肉铺、药店等各行各业应有尽有。人们可以在夜市上吃到大江南北的美食，也可以买到生活百货、书画玉石、金银首饰、笔墨纸砚……此外，人们也可以到瓦舍欣赏歌舞、杂技，可以看戏、听书。《东京梦华录》就记载了东京夜市的盛况："夜市直至三更尽，才五更又复开张。如耍闹去处，通晓不绝。"

流动勾栏
勾栏，提供民间艺人演出的场所，可分为固定和流动两种。流动勾栏一般在城中各个角落，固定勾栏则主要在瓦舍(即大型的娱乐场所)内。在这里可看到杂剧、小唱、说书等节目。

食店
主营餐饮的场所，规模较大的被称为"分茶"。东京城内有川饭馆、南食店、北食店等不同种类的食店。

养鸟
养鸟、赏鸟是北宋时期东京居民陶冶生活情趣的一种方式，北宋时期的东京也有了专门的鸟市。

▼ 华北平原／摄影 陈俊杰
河南省境内的农田，远处河流为黄河。

然而，如日中天的河南，自北宋之后猝不及防地迎来了跌落谷底的命运，而且这样的下跌竟然长达约 800 年。

靖康之变，北宋灭亡。宋高宗赵构在金兵的追赶下一路南逃，最终在杭州设立临安府，杭州成为南宋的政治中心。与南宋对峙的金朝，以及元、明、清三代，则定都北京（明初都城在南京，后明成祖朱棣迁都北京）。在经济方面，富庶的江南地区一跃成为全国的经济重心，京杭大运河则将各种物资直接由江南运往北京，无须经过中原。

祸不单行的是，中原地带向来是兵丁的主要来源地、朝代更迭的主战场，人们饱受战争之苦；而黄河中上游的过度开发，也导致了严重的水土流失，咆哮的黄河频频泛滥，人们饱受洪灾之苦；生态环境的恶化，使得土壤荒漠化加剧、肥力降低，粮食产量直线下降，人们饱受饥荒之苦。

面对接连不断的天灾人祸，河南人只好选择远赴他乡。在人口一次次迁徙的过程中，文化也在向外传播，不断塑造今日中国人口、文化格局。例如，根据不完全统计，中国 4820 个汉族姓氏中，起源于河南的有 1831 个；而在 120 个大姓中，起源于河南和部分源头在河南的有 96 个。河南人一次次向外迁徙，大量姓氏也随之遍布全国。

▼ 起源于河南的汉族姓氏及大姓数量示意图

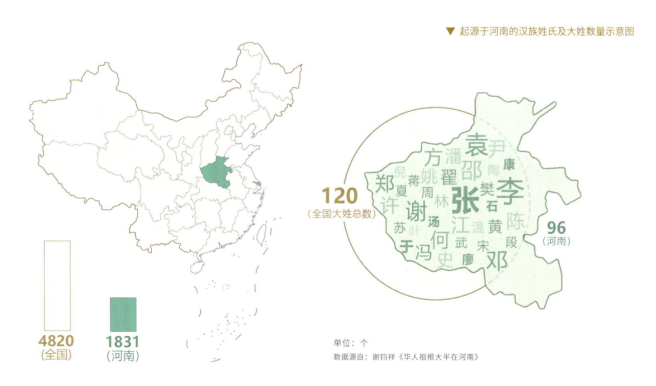

4820
（全国）

1831
（河南）

120
（全国大姓总数）

张

李

96
（河南）

单位：个

数据源自：谢钧祥《华人祖根大半在河南》

▼ 小麦机作业场面／摄影 邓国晖
拍摄于河南省济源市梨林镇大许村，有了先进的农业机械，
效率大为提高，农民们逐渐摆脱了纯人力耕种的劳累之苦。

　　经历过盛世辉煌，也跌落过深渊谷底，历经沧桑的河南将历史的起起落落化为自身的底蕴和力量，在这个阔步向前的新时代中，步履也变得更加稳健而自信。

　　农业方面，拥有广阔良田的河南如今已经摆脱了过去的饥馑，成了中国人的大粮仓，可谓"中原熟，天下足"。很可能你早餐吃的馒头、午餐吃的面条的原料，就来自河南农民的辛勤耕种。随着农业科技的不断创新、农业机械化的推进，以及农产品加工业的发展，辛勤的河南人为保障国家粮食安全打下了坚实基础，也丰富了每一位中国人的餐桌。

交通方面，位于中原的河南正在成为中国的"陆地之心"。随着高铁时代的到来，这个"心脏"跳动得更加有力了。按照国家高铁规划，郑州将架构"米"字形高铁格局，分别从郑州向中国的四面八方延伸。4小时的高铁圈可以覆盖长三角、京津冀等全国主要的经济区。然而郑州的野心不止于此，它要成为世界的路口：郑欧国际货运班列横跨于亚欧大陆之上，郑州成了"新丝绸之路"的重要节点城市。

在建"米"字形高铁格局

2小时高铁经济圈

北京　天津

银川

石家庄

太原　济南　连云港

兰州　徐州

西安　郑州

襄阳　合肥　南京

万州　杭州

武汉

重庆

长沙　南昌

巴黎
[法国]

阿姆斯特丹
[荷兰]

马德里
[西班牙]

里昂
[法国]

柏林
[德国]

赫尔辛基
[芬兰]

布拉格
[捷克]

华沙
[波兰]

圣彼得堡
[俄罗斯]

布达佩斯
[匈牙利]

明斯克
[白俄罗斯]

莫斯科
[俄罗斯]

索非亚
[保加利亚]

黑海

安卡拉
[土耳其]

里海

阿斯塔纳
[哈萨克斯坦]

哈尔滨

乌兰巴托
[蒙古]

塔什干
[乌兹别克斯坦]

阿拉山口

乌鲁木齐

北京

德黑兰
[伊朗]

喀什

郑州

连云港

兰州　西安

上海

成都　武汉　杭州

地中海

重庆　贵阳

东海

昆明　广州

厦门

阿拉伯海

孟加拉湾

南海

鄂霍次克海

日本海

黄海

图　例

● 首都
○ 一般城市

━━━ 国界
----- 地区界
········· 军事分界线
规划 中欧铁路通道
········· 跨海轮渡联运

火车拉来的郑州城！

众所周知，郑州是河南省省会。然而，在河南这片大地上，有太多古老的城市。特别是在"神都"洛阳、古都开封的映衬下，同样拥有厚重文化底蕴的省会郑州似乎并不突出。那么郑州能够成为河南的省会，凭借的是什么呢？其中一个答案就是铁路！郑州，可以说是火车拉来的。

时间拉回到中国近代。1895 年，中日甲午战争中，中国战败，清政府与日本政府签订了丧权辱国的《马关条约》。消息一出，举国震惊，清政府的一些官员这才如梦方醒，意识到推行实务的重要性。修建铁路，成为重要举措之一。时任湖广总督的张之洞上奏朝廷，主张修建卢汉铁路。这条从北京卢沟桥经河北、河南通往汉口的铁路，被张之洞视为中国铁路的脊梁。

然而，要修建这样一条铁路，需要面对一个重要的难题——横跨奔流不息的黄河。在哪里过黄河？又该怎样过黄河呢？洛阳并不是一个很好的选择，因为那里山川丘陵交错，需要修建众多的桥梁、隧道，铁路的修建成本很高。当时的河南省省会开封也不是一个很好的选择，因为黄河在那里泥沙淤积，形成了高悬城上的地上河，水灾隐患和修建难度非常之大。面对这一难题，张之洞给出一个答案：要从黄河宽度窄、岸边坚固的地方建造铁路桥来渡过黄河。而郑州北郊的荥泽口，便成了一处天选之地，火车将在那里穿过大桥，到达黄河彼岸。

终于，在 1905 年，郑州黄河大桥建成，次年卢汉铁路全线通车。随后，连接开封、洛阳的汴洛铁路在 1909 年建成通车，并在后来扩展成为横贯中国的陇海铁路。两条铁路的交会处正是郑州，便利的交通让郑州成为各类货物的集散地。特别是棉花贸易的兴盛，让与棉花相关的工业迅速在郑州兴起，使郑州一跃成为近代工商业城市。新中国成立后，郑州棉纺织工业更为发达，六座棉纺织厂每年生产的棉布，可为一亿人每人做一身衣服。

经济的发展带来了政治地位的变化。1954 年，河南省省会正式从开封迁往郑州。如今的郑州，不仅仅是河南的省会，还在努力推动国家中心城市的建设。以郑州为中心的中原城市群，也在如火如荼的"城市战争"中大放异彩。恐怕谁也不曾想到，当年铁路旁的一座小城，如今竟是如此繁华。而在高铁时代，成为"米"字形高铁网络枢纽的郑州，一定拥有更为灿烂的未来。

◀ 郑欧国际货运班列线路及"米"字形高铁网络示意图

▲ 河南郑州动车段高铁列车航拍／摄影 焦潇翔

除"陆地之心"之外，河南还有便利的航空运输。从郑州新郑国际机场出发，你可以到达全球 100 多个城市；在 1.5 小时的飞行航程内，可以抵达全国近 2/3 的重点城市，覆盖全国 3/5 的人口，可谓是"天空之心"。便捷的交通，再加上河南的约 1 亿人口，让河南成为一些制造工厂的绝佳选择。如今，你手中的手机有可能就是在河南郑州组装而成的。制造业的发展，让万千货物在郑州机场集结，使它成为全球货运增长最快的机场之一。

河南，这片古老的土地，在约 1 亿奋勇争先的河南人的共同努力下，正焕发出新的活力。

◀ 飞机降落在郑州新郑国际机场／摄影 焦潇翔

3 东北

冰与火之歌

这里是东北
一片美丽富饶的土地

火山映冰雪
大江通大海
白山黑水是这里的名片
青树绿草是这里的底色

这里的人们挽弓骑射
万马奔腾间改变着中国的历史

这里的人们面朝大地
滴滴汗水灌溉出丰收的粮仓

这里的工厂热火朝天
机器轰鸣奏响新中国的工业之歌

这就是东北
一片冰冷又火热的神奇土地

时间	200	400
时间轴		

魏　西晋　东晋　南北朝

起源于东北的少数民族政权　　**北魏**（鲜卑族）

东北

2020年全国各省（区、市）稻谷、玉米、大豆产量对比

```
            0    2000   4000   6000
黑龙江
吉 林
内蒙古
河 南
湖 南
山 东
四 川
江 苏
安 徽
辽 宁
湖 北
河 北
江 西
云 南
广 西
广 东
山 西
新 疆
重 庆
陕 西
贵 州
甘 肃
浙 江
福 建
宁 夏
天 津
海 南
上 海
北 京
青 海
西 藏
```

黄岗梁2029米

20.44%

东北粮食产量全国占比

■ 玉米产量（万吨）
■ 稻谷产量（万吨）
■ 大豆产量（万吨）

注：其中东北粮食产量主要包括黑龙江、吉林、辽宁三省
数据源自：国家统计局《中国统计年鉴2021》
数据未包含港澳台

| 800 | 1000 | 1200 | 1400 | 1600 | 1911 |

唐　五代十国　北宋　南宋　元　明　清

渤海
mò hé
(靺鞨族)

辽
(契丹族)

金
(女真族)

蒙古、元
(蒙古族)

后金
(满族)

清
(满族)

▼ 东北地形图

东北的东南、东北、西北方向分别是长白山、小兴安岭、大兴安岭，它们之间则是平坦辽阔的东北平原。东北平原是中国三大平原之一，也是我国面积最大的平原，广达35万平方千米，主要由三江平原、松嫩平原、辽河平原三部分组成。东北平原广泛分布着肥沃的黑土地，是我国重要的商品粮生产基地，拥有"北大仓"的美誉。除此以外，东北有着丰富的石油、铁矿、煤等矿产资源，也是中国重要的重工业基地。

图例

◎ 省级行政中心
● 地级市行政中心
延吉 自治州行政中心、地区驻地
◎ 县级行政中心
○ 乡镇、村庄
── 国界
～～ 常年河
⋯⋯ 时令河
湖泊
⛰ 山峰

①注：大兴安岭地区行政公署驻内蒙古自治区加格达奇

▼ 大兴安岭冬季森林的冰雪风光／摄影 刘兆明

什么是东北？从地理的角度讲，本文所指的东北是包含黑龙江省、吉林省、辽宁省，及内蒙古东部地区的地理单元。这片土地广达 100 多万平方千米，包含了我国的最北端和最东端。

然而，这只是区域概念上的东北。如果要问人们东北是什么，相信不同人给出的答案不尽相同：它是一片极其寒冷的冰天雪地，是拥有肥沃黑土的"北大仓"，拥有极具感染力的东北方言……当然，东北的魅力不止于此。

东北的第一大特点是"白山黑水"。面积100多万平方千米的东北，地形非常简单：从空中俯瞰，它就像一个开口向西南的大口袋，东南、东北、西北三面被长白山、小兴安岭、大兴安岭联合包围，西南面是渤海和黄海，它们之中，便是平坦开阔的东北平原。

不过，环抱东北的山脉并不高大。尤其是大兴安岭、小兴安岭，它们的平均海拔只有1000多米，且山势平缓。长白山相对较高，主峰海拔超过2500米。"白山黑水"中的"白山"正是指长白山，这里有着漫长的雪季，冰雪覆盖山体，白色是这里的主色调。

除了三大山脉，东北还有数量众多的火山。据统计，在全国上千座新生代火山之中，东北有690座，占到全国的一半。火山与水相结合，形成了许多或旖旎、或震撼的景色。在火山顶，火山口积水成湖，著名的长白山天池就是一个火山口湖。而黑龙江的五大连池，则是由凝固的火山熔岩拦截河道形成的堰塞湖。

每年夏天，夏季风从海洋上吹来，给东北地区带来丰沛的降水。较多的降水，较少的蒸发，再加上山岭之上茂密植被涵蓄水源，众多河流便从周围的群山中发源。额尔古纳河、黑龙江干流、乌苏里江、绥芬河、图们江、鸭绿江，形成包围东北地区的外部水系。松花江、嫩江、辽河，则在东北平原内部流淌。内内外外的大小河川，形成了一个稠密的河网。

▶ 东北火山与河流水系分布示意图

▼ 长白山天池／摄影 高鹏飞

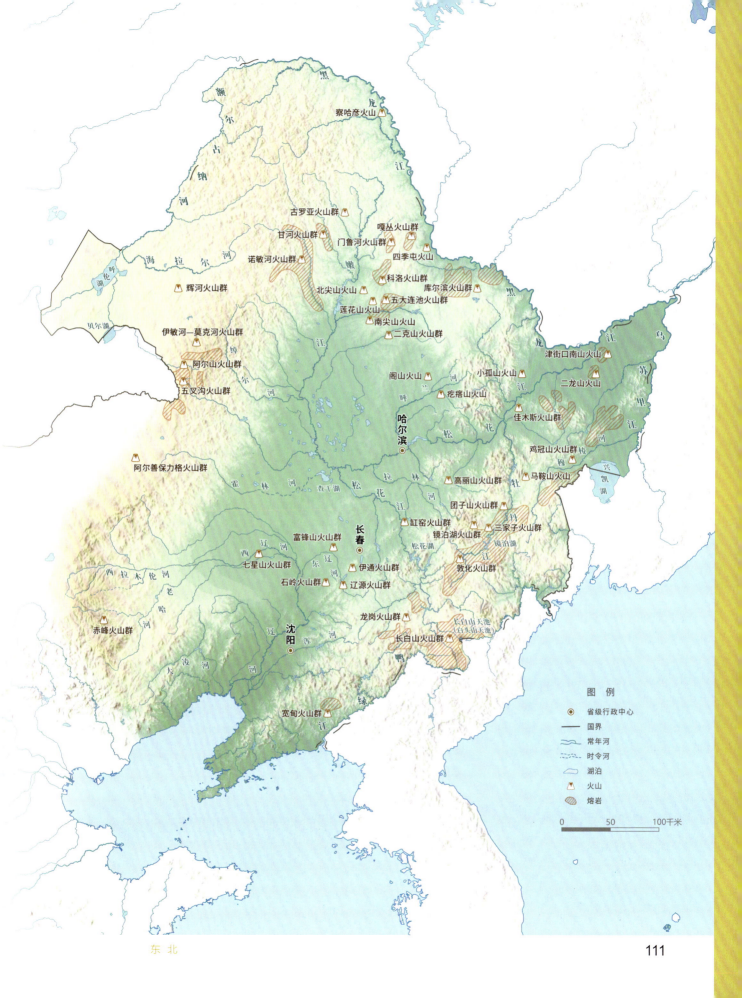

察哈彦火山

古罗亚火山群

甘河火山群 嘎丛火山群
门鲁河火山群
诺敏河火山群 四季屯火山

科洛火山群
辉河火山群 北尖山火山 库尔滨火山群
莲花山火山 五大连池火山群

伊敏河—莫克河火山群 南尖山火山
二克山火山群

阿尔山火山群 津街口南山火山

阁山火山 小孤山火山 二龙山火山
五叉沟火山群
疙瘩山火山
哈尔滨 佳木斯火山群

阿尔善保力格火山群 鸡冠山火山群 马鞍山火山

高丽山火山群
团子山火山群
富锋山火山群 长春 缸窑火山群 三家子火山群
七星山火山群 伊通火山群 镜泊湖火山群
石岭火山群 辽源火山群 敦化火山群
赤峰火山群

龙岗火山群
长白山天池
沈阳 (白头山天池)

宽甸火山群 长白山火山群

图 例
⊙ 省级行政中心
—— 国界
~~ 常年河
- - 时令河
湖泊
火山
熔岩

0   50   100千米

东 北

火山与湖

密集的火山与充沛的水源相遇，造就了一个个壮丽秀美的湖泊。这些湖泊主要分为火山口湖和堰塞湖。

火山口湖

火山口湖是位于火山口的湖泊。在火山活动活跃的时期，炽热的岩浆从地下喷涌而出，岩石碎屑和岩浆在地表不断堆积，形成火山锥。当岩浆停止喷发，火山口会留下一个漏斗状洼地。而许多火山由于剧烈喷发，内部物质被掏空，上部岩体往往会在重力作用下坍塌，形成破火山口，其洼地规模更大。之后，大量雨水聚集于洼地中，形成湖泊，这就是火山口湖。这样的湖泊就像一个个被山体托举到天上的水池，因而常常被称为"天池"。著名的长白山天池是我国最大、最深的火山口湖，它的总面积达到 9.82 平方千米，最大水深 373 米，储水量达到 20 亿立方米，超过了许多平原地区的大型湖泊。

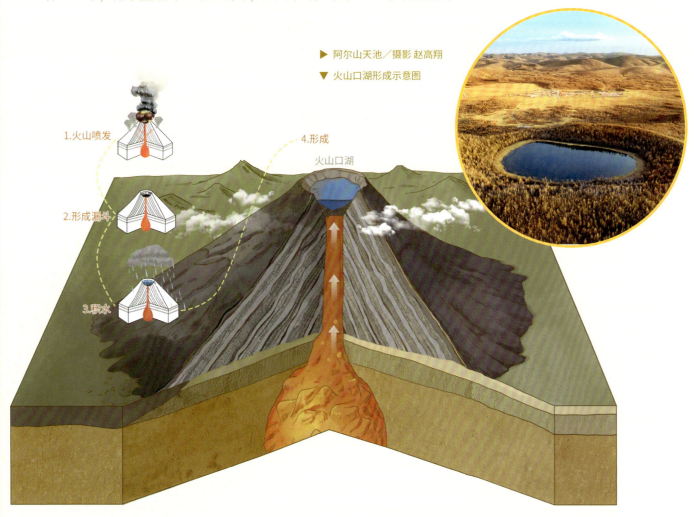

▶ 阿尔山天池／摄影 赵高翔

▼ 火山口湖形成示意图

1.火山喷发

2.形成漏斗

3.积水

4.形成

火山口湖

火山口湖不一定都在山上。当炽热的岩浆在上升过程中遇到大量地下水，两者混合产生蒸汽从而发生爆炸式火山喷发，经过多次喷发炸出深坑，之后雨水蓄积，最终形成玛珥湖。位于吉林辉南的龙岗火山群是世界上玛珥湖较多的区域之一，这里诞生了四海龙湾、东龙湾等蓝色明珠。

堰塞湖

火山喷发除了有可能形成火山口湖，其喷发出的岩浆冷却后还会阻塞河道，形成堰塞湖。在东北，这样的熔岩堰塞湖同样很多。1719年到1721年，黑龙江德都县的老黑山、火烧山两座火山喷发，炽热的岩浆进入白河，阻断河道，形成了5个念珠状的湖泊，这就是著名的五大连池。同样是在黑龙江，岩浆冷却形成的玄武岩阻塞了牡丹江和它的众多细小支流，蓄水成为中国最大的熔岩堰塞湖——镜泊湖。

俗话说"水火不容"，可大自然的力量，让炽热的火山与清凉的流水在东北相遇，塑造了一个又一个清澈灵动的湖泊。

▲ 五大连池形成示意图

参考资料：王苏民、窦鸿身《中国湖泊志》

众多河流冲积，形成了南北长约 1000 千米，东西宽 300 ～ 400 千米的中国最大平原——东北平原。整个东北平原分为三个部分：被称为"黑水"的黑龙江，以及乌苏里江、松花江冲积出的三江平原；松花江、嫩江冲积出的松嫩平原；辽河冲积出的辽河平原。相对湿润的东北平原上，很多地方地势低洼、排水不畅，又有大量冻土层阻碍地表水下渗，因此这里沼泽湿地分布广泛。

河湖众多、湿地密布，让东北呈现出一派水乡泽国的风光。不过东北的"水乡"与江南差异很大。特别是在冬季，江南依旧绿意盎然，东北平原却早已"千里冰封"。

▲ 黑龙江／摄影 关卫宏

这是黑龙江在大地上回流急转而成的"龙江第一湾"，金环岛、北极岛、银环岛被
江水紧紧环抱，岛上树林五彩斑斓，如同三个吊坠镶嵌在大地上。

▼ 哈拉哈河湿地／摄影 杨孝

哈拉哈河湿地位于大兴安岭西侧，从空中俯瞰，翠绿的草甸、茂密的森林在大地上编织
出一块厚厚的地毯，蜿蜒曲折的哈拉哈河则在这块绿油油的地毯上勾勒出精致的花纹。

冰冷北国

第 *2* 幕

东北是我国最靠北的地区。较高的纬度，让东北地区拥有漫长的冬季。根据气候季节划分标准，一般以连续五天日均温低于 10℃ 作为冬季的开始，而连续五天日均温大于等于 10℃ 作为春季的开始，这期间即为冬季。在东北北部，一年之中冬季长达 230 天，占到全年近三分之二的时间。即便是在东北南部，冬季也能占到 200 天。

东北的冬季不仅漫长，而且极为寒冷。在全年最冷的 1 月份，气温最高的东北南部地区，月均温往往也低于 -10℃；而大、小兴安岭北部一般不足 -24℃，有的地方甚至低于 -30℃。

在哈尔滨，冬季常常只有零下十几摄氏度甚至零下二十几摄氏度，而在纬度更高的英国伦敦或加拿大温哥华，冬季气温常常在 0℃ 以上。如此说来，纬度高并不是东北冬季漫长而寒冷的唯一原因。那么，东北究竟为什么这么寒冷呢？

除了纬度高外，还有一个重要原因，那便是受冷气团的影响。东北以北是西伯利亚，以西则是海拔千米的蒙古高原。每年冬季，这两地受蒙古高压控制，是冬季风的发源地。当冬天到来，寒冷的气团从高压中心吹来，将距离风源较近的东北的气温紧紧压下。

▶ 夕阳下的大兴安岭落叶松林／摄影 刘兆明
▼ 东北 1 月平均气温分布示意图

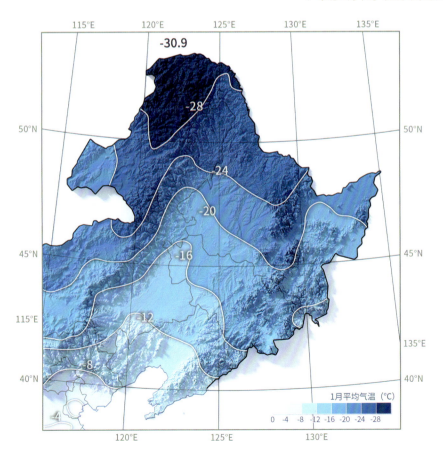

116

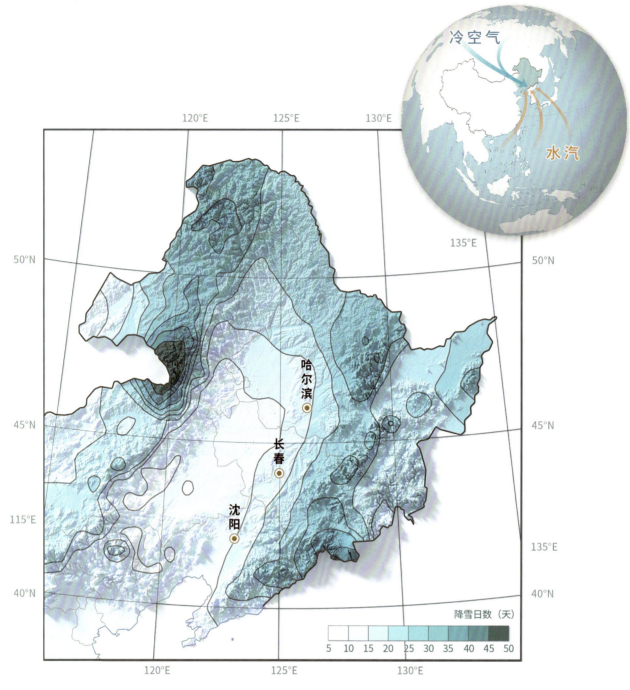

▲ 东北年降雪日数示意图

　　除寒冷之外，东北还是中国降雪最为丰沛的地区之一。每年冬天，来自蒙古高原和西伯利亚的冷空气频频入侵东北，与此同时，来自中国东部沿海及日本海等海域的水汽被输送至东北，为这里的降雪提供了充沛水源。南下的冷空气和北上的水汽在东北大地相遇，便创造出一个白雪飘飘的世界。一年当中，东北地区的降雪日数可以达到30～50天，降雪日数从中部平原到周围山脉依次增加，形成了开口朝下的口袋形分布格局。

飘落的片片雪花如白色精灵，将冬天的大地装扮得银装素裹，而长时间的严寒天气又让它们得以保留很长时间。东北部分地区一年之中有超过 200 天存在积雪，积雪深度能够达到 20 ～ 30 厘米。因而，东北人民的衣食住行都受到冰雪的深刻影响。东北人民的娱乐活动，也早已超越堆雪人的层次，追求精致又宏大的雪雕和冰雕。他们建起了一个完全由冰雪构成的大世界，一座座冰雪城堡拔地而起，在霓虹灯的映照下，美轮美奂。

寒冷与水汽共同创造了一个"千里冰封，万里雪飘"的世界。而冰雪也让生活在这里的万千生灵经受着重重考验。

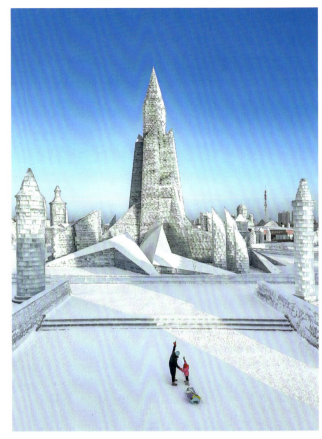

▶ 哈尔滨冰雪大世界里错落有致的冰塔建筑群／摄影 陈刚
一块块晶莹剔透的巨大冰砖在水的黏合下，砌成了一座座高低不一的冰塔。

▼ 雪乡／摄影 贺磊

▲ 冬季时分，一列动车穿云破雾，飞过松花江／摄影 刘慎库

林海草原

第3幕

东北有着中国最寒冷的冬季，而冬季持续时间又常常可达半年以上。东北的生灵们为了在这冰天雪地的环境中生存下去，使出了浑身解数。

首先是各种各样的植物。高大的针叶乔木、落叶乔木，低矮的灌木，连绵的草丛，它们构成林海与草原，为这片寒冷的天地带来勃勃生机。

在冬季最为漫长、寒冷的大兴安岭北部，大部分阔叶树很难生存。叶子如同细针的兴安落叶松，是这片林海的主角。它们的树干笔直，有的高达30多米。在正午太阳高度角小且热量少的东北，高大笔直的树身有利于获取更多的太阳辐射能量。同时，兴安落叶松拥有强大的根系，即使是在具有冻土层的土壤当中，仍然可以吸取养分。当然，落叶松不是林海的全部。生命力极强的阔叶树种白桦，也在大兴安岭占有重要地位，在短暂的夏季迅速生长，枝繁叶茂；在寒冷的冬季撒落树叶，留下干枯的枝条，等待来年春天再次萌发。

兴安落叶松和樟子松、白桦等其他伴生树种在大兴安岭形成了一片茫茫林海。树下则生长着杜鹃、杜香等林下灌木，组成了丰富的植物群落。四季轮回，整片森林的色彩随之变化，它可以红透山水，可以绿满世界，可以黄遍天际，可以白沁心脾。

▶ （上）夏季大兴安岭森林／摄影 刘兆明
夏天，绿意盎然，到处充满着盛夏的生命力。

▶ （中）秋季大兴安岭森林／摄影 刘兆明
秋天，满眼金黄，山地换上了一件新衣裳。

▼ 春季大兴安岭森林／摄影 刘兆明
春天，万物复苏，林下的杜鹃红遍山林，与新出的绿芽相映成趣。

▶ （下）冬季大兴安岭森林／摄影 刘兆明
冬天，雪花漫天飞舞，枝头的雾凇晶莹剔透，一片雪国风光。

东　北

相比大兴安岭，长白山主峰海拔较高，形成了较为明显的植被垂直分异现象。

在山脚，以红松为主的针叶树，与水曲柳、白桦等落叶阔叶林一起，形成山地针阔叶混交林带。它们翻出层层绿浪，构成森林之海。到了海拔 1100 米以上，落叶阔叶树逐渐退出了山林的舞台，针叶林成为这里绝对的主角。到 1800 米以上，由于气温低、坡度陡、风速大，适应性更强的岳桦成为主角，组成了山地岳桦林带。

在海拔 2100 米以上，低温、大风、瘠薄的土壤，让高大的树木难以生存。仙女木、越橘、牛皮杜鹃、松毛翠、苞叶杜鹃、小叶杜鹃、长白棘豆等低矮的灌木和草本植物构成了高山灌丛带。而到了 2400 米以上的山巅，恶劣的气候几乎不适合任何植物生长，因而在山顶形成了高山荒漠带。

▼ 长白山主峰垂直自然带示意图

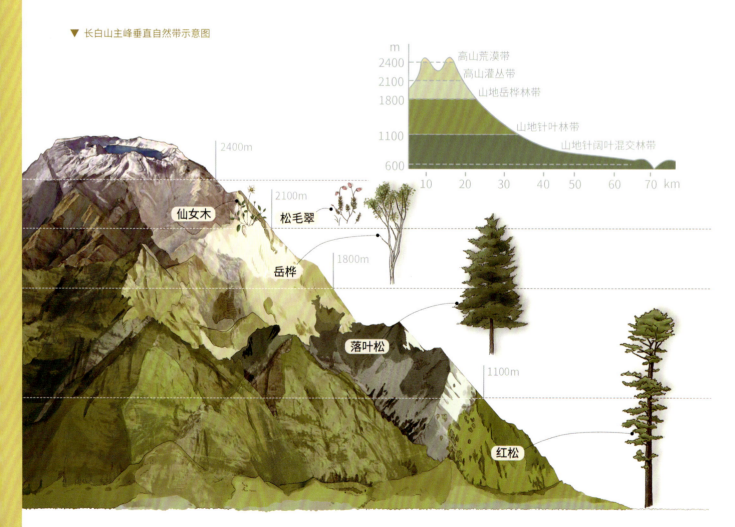

▲ 呼伦贝尔莫尔格勒河／摄影 张强

　　而在东北的西北部即内蒙古高原的东南部，肥沃的土壤滋养了大量草本植物，组成丰茂的草丛。清风徐来，绿草如浪花翻滚。春回大地时，各色花朵竞相绽放，将大地点缀得五彩斑斓。正因如此，人们将那些鲜花盛开的草原形象地称为"五花草塘"。

　　在这些草原之中，最为丰美的，莫过于呼伦贝尔草原。这里水源充沛，发源自大兴安岭、蒙古高原的上千条河流，向呼伦贝尔草原汇集，在草原上形成了呼伦湖、贝尔湖两个大湖，以及散布在草原上的诸多小湖。草原上分布着面积广阔的栗钙土和黑钙土，含有丰富的腐殖质，为牧草提供养分。每年春夏季节，牧草生长旺盛，像绿色的地毯一样迅速地在辽阔的天地之间铺展。成群的牛羊，奔跑的骏马，在这里自由啃食鲜美多汁的牧草。蓝天、白云、绿草、牛羊，构成了如画一般的草原风光。

在东北广阔的林海与草原上跳跃、奔跑的，是一群神奇的动物：体形庞大而凶猛的东北虎，胸前一道月牙的貂熊，机敏的狐狸，高大的驼鹿，体形似马的马鹿，传说帮圣诞老人拉车的驯鹿，呆萌的狍子，玲珑活泼的紫貂、松鼠、花鼠，一到冬天全身就变白的雪兔……这些动物适应了东北严酷的环境，它们生长出厚实的皮毛，积蓄大量的脂肪，用来抵御东北的严寒。因此，东北的许多动物往往比它们的南方亲戚个头更大。有些动物还会有冬眠的习性，它们以此度过漫长寒冷、缺少食物的东北之冬。

万千生灵在森林中自由游走，在草原上尽情奔跑。东北，真正成了一片生机盎然的大地。

▲ 驯鹿／摄影 卢文

驯鹿属于鹿科动物，无论雌性还是雄性，都拥有一双又大又长的鹿角。驯鹿有内外两层毛发，内层毛发又密又厚，保暖性十足；外层毛发又粗又长，可以充当一件"冲锋衣"，防水又保温。此外它们还有厚厚的皮下脂肪。这些是它们在寒冷环境中生活的法宝。

▼ 东北虎／摄影 关晓东

体形庞大、皮毛厚实是"万兽之王"的重要特点。

▲ 欧亚红松鼠东北亚种／摄影 王健宇

欧亚红松鼠的皮毛因分布的地点不同呈现出黑、棕、红等不同颜色。它拥有一双笔直竖立的大耳朵，两束直直的毛发如"怒发冲冠"。圆滚滚的身材搭配一条蓬松的长尾巴和四只粗短的小腿，十分可爱。

▲ 紫貂／摄影 王峥

紫貂属于鼬科动物。它拥有厚厚的皮毛，细长的身躯，圆圆的脑袋，短小的耳朵，还有一双炯炯有神的大眼睛。

▼ 狍子／摄影 徐永春

狍子属于鹿科动物，踪迹广布东北，它们也是人们口中常说的"傻狍子"。狍子身披棕黄色的皮毛，体态轻盈，拥有细长的颈部，小小的眼睛搭配大大的耳朵让狍子多了几分呆萌的气质。一般雄性的狍子长有分三个叉的角，雌性则没有。作为素食主义者，灌木的嫩枝、各种果实、青草等都是它们喜爱的食物。

大个头的"雪国生灵"

最大的猫科动物：东北虎

说起东北地区的野生动物，最为有名的，恐怕当数东北虎了。东北虎拥有一身带黑色条纹的黄色毛皮。神奇的是，在它的前额，黑色条纹组成了一个近似"王"字的形状，似乎是在宣示自己"万兽之王""森林之王"的威严。

东北虎拥有猫科动物中最大的体形，成年雄性东北虎身长可以达到 3.3 米，平均体重可以达到 300 千克。这样巨大的体形，能够让东北虎积蓄足够多的脂肪，抵御寒冷与大风的侵袭。

野生东北虎体格健壮，动作迅猛。不必说鹿、野兔等作为猎物的小型生物，就连熊、豹、狼等同为捕食者的中、大型食肉动物，遇到东北虎也总要躲得远远的。在东北虎的栖息地，它们几乎不惧怕任何敌人，是当之无愧的森林王者。

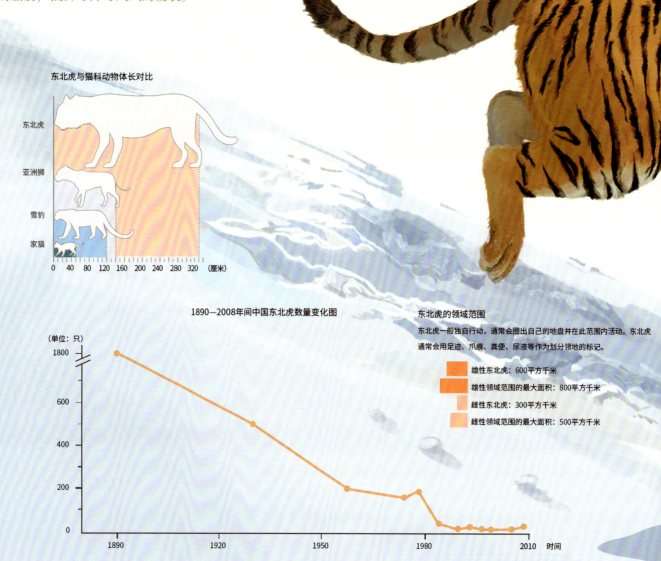

东北虎与猫科动物体长对比

东北虎
亚洲狮
雪豹
家猫

0　40　80　120　160　200　240　280　320　（厘米）

1890—2008年间中国东北虎数量变化图

（单位：只）

1800
600
400
200
0

1890　　1920　　1950　　1980　　2010　时间

东北虎的领域范围

东北虎一般独自行动，通常会圈出自己的地盘并在此范围内活动。东北虎通常会用足迹、爪痕、粪便、尿液等作为划分领地的标记。

雄性东北虎：600平方千米
雄性领域范围的最大面积：800平方千米
雌性东北虎：300平方千米
雌性领域范围的最大面积：500平方千米

可即便如此，如今东北虎也陷入了生存危机。原因一是人类过度地砍伐森林，造成了东北虎栖息地的破坏，使许多东北虎失去了自己赖以生存的家园。二是人们为了保证自己的生命安全或获得皮毛、虎骨而捕杀东北虎。

如今，为了保护东北虎，国家先后在黑龙江和吉林建立了多个东北虎自然保护区，还设立了东北虎豹国家公园。经过数十年的努力，野生东北虎种群数量终于开始逐渐恢复。

东北虎所属分类

食肉目
猫科
豹属
虎
东北虎　孟加拉虎　新疆虎　华南虎　印支虎

东北虎与人类体重对比

东北虎
成年男性
≈

毛发

冬季密集而柔软，背部毛发40～50毫米，夏季短而稀疏，背部毛发14～17毫米。毛发颜色由于季节及周围环境不同而有略微差异，夏秋季呈亮丽的橙红色，冬季则相对较浅。

舌头

倒钩

东北虎的舌头上长满倒钩，这有助于其刮食猎物骨头上的肉，也可以对自己的毛发进行清洁护理。

牙齿

犬齿长54～78毫米，粗20～26毫米，尖锐锋利。

东北虎食性

野猪　马鹿　梅花鹿

脚掌

相对于后肢，东北虎的前肢更加强壮有力，是捕获猎物的主要武器。

东北虎栖息地

东北虎一般栖息在海拔1000米以下的针阔混交林和落叶阔叶林地带。

1000米
针阔混交林
落叶阔叶林

最大的鹿科动物：驼鹿

在东北大兴安岭最北端的寒冷地带，生活着一种奇怪的鹿：它的鼻子和嘴巴十分宽大，嘴唇也很长，背部有隆起，像骆驼一样。它还长着巨大的角，在森林中啃食树木的嫩芽或草。人们把这种长得有些像骆驼的鹿称为"驼鹿"。

驼鹿是所有鹿科动物中体形最大的。它的体长可达 2.6 米，肩高能够达到 2 米。一头雄性驼鹿的体重甚至能够达到 400 千克。它们在体内贮存足够多的能量，让自己度过缺少食物的寒冬。

通常情况下，成年的雄性驼鹿喜好独来独往，雌性驼鹿和幼崽们则集群生活。到了交配季节，驼鹿们会聚集成一大群。雄性之间为争夺配偶而"大打出手"，雌性驼鹿则忙着孕育新的后代，森林中、草地上，一派热闹的景象。

驼鹿被鄂温克族、鄂伦春族等东北少数民族称为"堪达犴（hān）""犴"或"犴达罕"。在他们眼中，人工驯养的驼鹿是生活中的伙伴。驼鹿的肉可供食用，驼鹿的皮毛可制作皮衣、皮鞋、皮口袋等传统服饰或用品；而在冰天雪地的东北森林中，驼鹿是比马更可靠的交通工具。

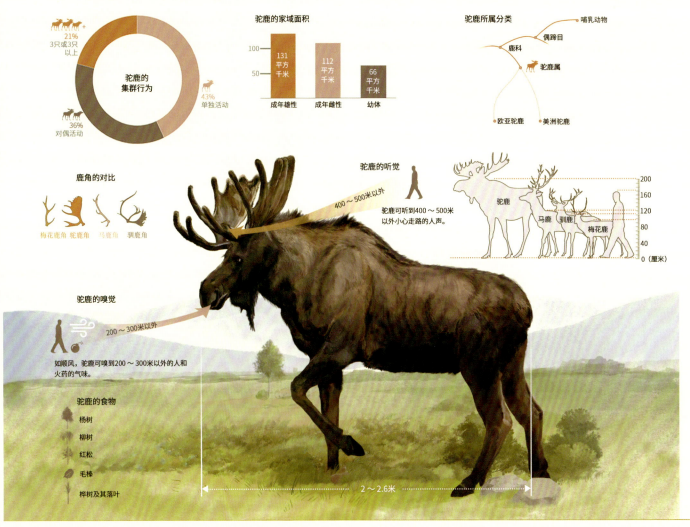

驼鹿的集群行为
21% 3只或3只以上
43% 单独活动
36% 对偶活动

驼鹿的家域面积
131 平方千米 成年雄性
112 平方千米 成年雌性
66 平方千米 幼体

驼鹿所属分类
哺乳动物
偶蹄目
鹿科
驼鹿属
欧亚驼鹿
美洲驼鹿

鹿角的对比
梅花鹿角　驼鹿角　马鹿角　驯鹿角

驼鹿的听觉
400～500米以外
驼鹿可听到400～500米以外小心走路的人声。

驼鹿　马鹿　驯鹿　梅花鹿

驼鹿的嗅觉
200～300米以外
如顺风，驼鹿可嗅到200～300米以外的人和火药的气味。

驼鹿的食物
杨树
柳树
红松
毛榛
桦树及其落叶

2～2.6米

最大的鼬科动物：貂熊

在大兴安岭的北端，生活着一种被称为"貂熊"的动物。貂熊也被称为"飞熊""月熊""狼獾"，它的四个足掌非常宽大，在雪地上留下的脚印，十分像是小棕熊留下的。但貂熊并不是熊，而是鼬科的一种。它的身材比熊小很多，体长最长也只有1米多，体重最大不过35千克，远不如一个成年男子的体重。

貂熊全身覆盖有棕色的厚实的毛皮，这让它能够很好地适应寒冷的气候。它基本上都在地面活动，但也能迅速上树，还擅长游泳。貂熊的嗅觉非常灵敏，可以敏锐察觉到其他动物的气味，不过它的视力很差。貂熊基本为夜行性，白天很少活动。

由于森林的破坏，貂熊面临着巨大的生存危机。貂熊主要以狼、猞猁、熊等大、中型肉食动物吃剩的动物尸体为食，有时甚至会抢它们的食物，也自己捕食小动物。森林的毁坏让貂熊的猎物越来越少，人们的偷猎行为也直接威胁它们的生存。看似凶猛强大的貂熊，正在灭绝的边缘挣扎。

这些动物以庞大的身躯存储能量，挨过寒冬，也以健壮的体格震慑敌人、捕食猎物，在丛林中占据一片天地。它们与其他生物共同构成了一个庞大而又相对稳定的生态系统。但人类的到来打破了平衡，大规模猎杀和对栖息地的破坏把它们逼上绝路。好在我们已经意识到了该问题，对它们的保护已经开展了几十年。但愿我们能与它们长久共存于这颗美丽星球。

貂熊所属分类

哺乳动物
食肉目
鼬科
貂熊属
貂熊

貂熊在大兴安岭冬季家域面积

500

686.5
平方千米

125平方千米

成年雄性貂熊最大占区　　成年雌性貂熊最小占区

貂熊
水獭
紫貂
伶鼬

世界上最小的食肉目动物

0　20　40　60　80　100（厘米）

鼬科雄性头骨对比

伶鼬　31.6毫米
黄鼬　64.6毫米
紫貂　81.5毫米
水獭　114.5毫米
貂熊　146.2毫米
犬齿
18毫米

貂熊的食物

马鹿
驼鹿
雪兔
狍

貂熊脚印　棕熊脚印

驰骋的民族

富饶的森林、丰美的草原、肥沃的黑土地、生猛的动物，这一切在人类眼里，都是可以利用的宝物。大自然的馈赠让人类文明得以在此萌发，生存。古老的民族在东北这片土地上诞生，发展，壮大。

在新石器时代，东北就已经孕育出发达的红山文化。中华民族以龙为自身的象征，中国人也常常自称"龙的传人"。出土于辽河上游红山文化遗址中的"玉猪龙"，被认为是最早的"龙"形文物之一。红山文化是距今 6000 ～ 5000 年前，由生活在今东北南部的古老居民创造的，红山玉猪龙便是其代表性文物。整个玉猪龙外形圆润光滑，肥首大耳，吻部向前突出，嘴巴、鼻孔清晰可见，身体蜷曲成环。甚至有学者认为，玉猪龙的形象最终演变成了甲骨文中的"龙"字，猪与龙的渊源真是令人称奇。当然，关于这一形象的真正来源，目前仍存在争议。

▼ 甲骨文"龙"字的一种写法与玉猪龙对比／摄影 苏李欢
图中甲骨文"龙"的写法引自孙力《玉猪龙摭谈》。

可见，那时生活在东北的这些古老的"东北人"，已经掌握了非常高超的玉石器制造技术。发达的红山文化也影响了包括今天内蒙古、河北、辽宁等在内的广大地区。

随着文明的发展、技术的进步，生活在东北的古老民族拥有了更强大的力量，以致对中国历史的进程产生深远影响，甚至多次撼动中原王朝的根基。

根据各自的生活方式，曾经生活在东北的民族大致分为三个族系[1]。第一个族系是占据中原地区、过着耕织生活的汉族。第二个族系是主要生活在东北西部的草原之上、以游牧生活为主的东胡族系。第三个族系是主要生活在东北东部的肃慎族系。东北东部的平原上湖沼密布，可以渔猎；山地中森林茂密，可以狩猎；条件允许的话，他们还会平整土地，进行简单的耕作。因而肃慎族系过着"复合型"的经济生活。

在这三个族系中，东胡族系和肃慎族系曾交替崛起，他们一次次呼啸南下，有的还曾直接入主中原，如东胡族系的蒙古人，就曾横扫亚欧大陆，建立元朝；肃慎族系中的女真人则在融合发展中形成满族，并建立了中国历史上最后一个王朝——清朝。

不过，东北拥有广阔的平原，为什么东北的民族在强大起来之后，都想要南下入主中原呢？原因可能是天寒地冻的东北并不那么宜居，冻土、沼泽广布，在生产力不足的条件下难以耕种；可能是其势力壮大，想要扩张的野心逐渐膨胀；也可能是中原文化的吸引力等，让他们对中原地区充满了向往。

长期以来，东北远离中原。东北的民族，一次又一次上演了"弱小—强大—入主中原—盛极而衰—收缩"的历史循环。到了近代，历史才开始发生变化。

---

1 目前对东北古代民族的划分，仍有许多争议。这里提到的三种族系的说法，主要参考姜维公主编的《中国东北民族史》。还有一些学者认为东北古代民族可以划分为汉族、东胡、肃慎、秽貊（mò）四个族系。秽貊族系在东北历史上也曾扮演过重要角色，他们虽然没有入主中原，但也曾建立起夫馀（yú）、高句（gōu）丽（lí）等政权。

时间(公元/年)	200	300	400	500	600	700	800	900

时间轴

历史朝代 　魏　西晋　东晋　　南北朝　　隋　　唐　　五代

东北民族建立的政权　　　　　北魏　　　　　　渤海

东胡

北魏范围示意
（449年）

图　例

- - - - - 东胡政权界
- - - - - 肃慎政权界
━━━━━ 政权部族界
━━━━━ 未定 国　　界
━━━━━ 未定 今 国 界

鲜卑

　　5世纪到6世纪的南北朝时期，东胡族系中的鲜卑族建立的北魏政权曾一统北方，与南朝形成南北对立的政治格局。

肃慎

鞨羯

　　7世纪到10世纪，肃慎族系中的鞨羯族建立了渤海政权。他们吸收汉族、高句丽等的先进经验，创造了辉煌灿烂的文化，一度成为东北地区极为重要的一支力量。

渤海范围示意
（820年）

东北民族在历史上曾建立过哪些政权？

创意思考栏

　　汉族、东胡族系、肃慎族系是曾经生活在东北的三大民族族系，其中东胡族系和肃慎族系曾交替崛起。这两个族系中的不同人群凭借自身的实力建立了强大的政权。

| 1100 | 1200 | 1300 | 1400 | 1500 | 1600 | 1700 | 1911 |

北宋　南宋　元　明　清

辽　金　蒙古

后金

1271年，忽必烈定国号为"元"

1206年，成吉思汗建立蒙古国

1636年，皇太极改国号为"清"

1616年，努尔哈赤建立后金

范围示意
（1111年）

元范围示意
（1330年）

岭北行省北部

契丹

10 世纪，东族系的契丹崛起 渤海国被契丹骑灭亡。契丹族整个东北以及蒙高原作为自己的力范围，建立了国，与中原的北王朝对峙。

女真

12 世纪，肃慎族系中的女真崛起，他们先后灭掉契丹族的辽国和北宋，占领东北与北方地区，建立起盛极一时的金朝。

蒙古

13 世纪，东胡族系的蒙古崛起，金朝灭亡，女真族实力大大衰弱，被迫回到东北地区。而蒙古人，则以雷霆万钧之势横扫亚欧大陆，建立了广阔的蒙古帝国，对世界历史的发展产生了巨大影响。他们占领中原，建立元朝，并在 1279 年，攻灭南宋，实现全国的统一，成为中国历史上第一个统一的少数民族政权。辽阔的蒙古帝国犹如昙花一现，建立不久，帝国的不同部分便迅速地分裂。而统治中原的元朝也比较短暂，到 14 世纪，元朝覆灭，明朝建立，蒙古人重回大漠以北。

满族

17 世纪，肃慎族系中的女真族经过融合发展，形成了满族，他们骑马射箭，学习汉族的文化，建立了中国历史上最后一个封建王朝——清朝。

金范围示意
（1142年）

清范围示意
（1820年）

现在的东北还有哪些少数民族?

在东北的少数民族中，蒙古族与满族对中国历史产生了巨大影响，这两个少数民族自然是大家十分熟悉的。不过，东北的少数民族可不只有蒙古族和满族，还有一些其他少数民族，他们世世代代在这片土地上生活。

鄂温克族、鄂伦春族：在大、小兴安岭林区的深处，生活着两个生活地域相近、习俗相似的民族——鄂温克族和鄂伦春族，他们有着共同的祖先。"鄂温克"意为"住在大山林里的人们"，"鄂伦春"意为"使用驯鹿的人们"。这两个同源的民族世代以森林和草原为家。他们相信万物有灵，把山林视为神灵。鄂伦春人每到一个新的地方，就会在树上刻下一幅形似人脸的山神像来叩拜，祈求山神保佑。生活在山林里的鄂温克人、鄂伦春人，日夜与白桦林做伴，发展出独特的"桦皮文化"。他们就地取材，用桦皮制作出木桶、鞋子、帽子，甚至是住房等。其中"撮罗子"是他们传统的住所，由木杆撑起圆锥形的骨架，在较为温暖的春夏季，族人就会将白桦皮覆盖在房屋的骨架外，到了寒冷的冬天就换成厚实的动物皮毛，以抵御严寒。

▲ 鄂温克族使鹿部落女酋长玛利亚·索／摄影 刘兆明
玛利亚·索是鄂温克族使鹿部落最后一位女酋长，被人们称为"中国最后的女酋长"，于 2022 年 8 月 20 日与世长辞，享年 101 岁。

达斡尔族：达斡尔族同样是一个历史悠久的民族，部分学者认为他们与建立辽朝的契丹人有密切关系。在清代，入侵我国东北的沙俄曾威胁达斡尔人向沙皇纳贡，被达斡尔族首领断然拒绝。英勇的达斡尔人投身于反抗沙俄侵略的斗争中，他们中的一部分甚至来到新疆，协助清政府守卫西部边疆。因此，达斡尔人除了生活在东北地区，如今还有一部分生活在新疆地区。

赫哲族：在今天的黑龙江省佳木斯市、双鸭山市等地区，生活着总人口只有 5000 多人的民族——赫哲族。赫哲族的先民被认为属于肃慎族系的组成部分。传统的赫哲族人在美丽富饶的三江平原、完达山脉一带过着渔猎生活，具有独特的渔猎文化。捕鱼是赫哲族重要的经济来源之一，他们以鱼为食，用鱼皮做衣服、做皮包，用鱼骨做装饰品。新中国成立以来，赫哲人的生活也有了很大的改善，养殖业、旅游业成为他们新的谋生手段。

锡伯族：锡伯族起源于东胡族系的拓跋鲜卑部，最初活动在东北的大兴安岭一带，随后逐步南迁，来到嫩江中游的平原地带，开垦农田，种植庄稼。像东北的许多民族一样，锡伯人也有着尚武的传统，骑马、摔跤、射箭通通不在话下。在清代，英勇的锡伯人为守护边疆、抵御外侮做出了巨大的贡献。他们中的一部分前往新疆，守护着国家的西部边境，因此在今天新疆伊犁等地，也有锡伯族的分布。

　　满族、蒙古族、鄂伦春族、鄂温克族、达斡尔族、赫哲族……辽阔的东北大地，孕育了各种各样的民族和文化。这些不同的民族，共同生活在白山黑水之间。他们共同创造着中国的历史，是中华民族不可缺少的一部分。

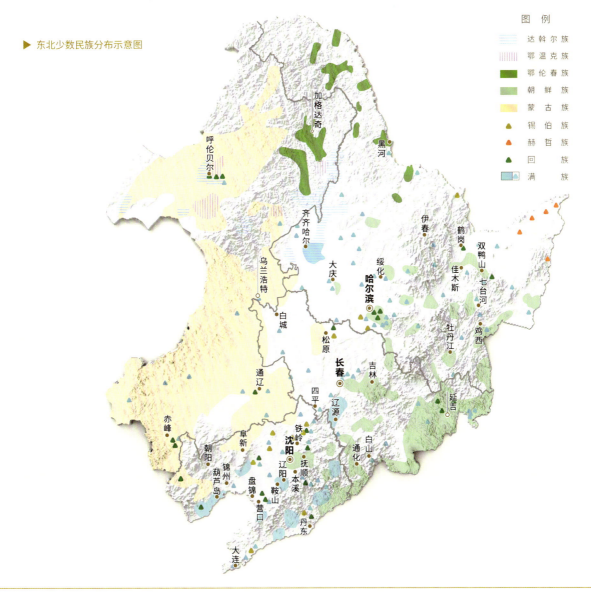

▶ 东北少数民族分布示意图

图 例

达 斡 尔 族
鄂 温 克 族
鄂 伦 春 族
朝 鲜 族
蒙 古 族
锡 伯 族
赫 哲 族
回 族
满 族

时间来到清朝末年。当时，整个中国的很多地方都陷入战火与灾害之中，百姓缺衣少食，生活困顿。许多人背井离乡，到其他地方寻找生计。而受清政府封禁政策影响，东北长期人口较少，大量土地未开垦。于是，从清末到民国年间，数千万的山东人、河北人、河南人通过陆路、海路等方式来到东北地区。从关内（山海关）到东北地区的这次人口大迁徙，在历史上被称为"闯关东"。

这些人来到东北后，为东北带来了充足的劳动力和更为先进的农业生产技术。他们开始改造东北的平原，在黑土地上种植起高粱、大豆、水稻、小麦等农作物，让东北的农业得到发展，许多城镇也得以发展壮大。东北的面貌，开始有了改变。

不过，最大的改变还是新中国成立后轰轰烈烈开展的大开垦运动。

1954 年夏天，时任铁道兵司令员的王震来到了东北。他看到远处山峦无限风光，脚下河水清澈，土地黝黑，不禁感慨这里是发展农业机械化的优选地。之后的几十年里，几十万复员军人、农民、知识青年、革命干部及农技人员等先后来到北大荒，参加开荒运动。他们带着新的农业技术与生产建设热情，筚路蓝缕，爬冰卧雪，排干沼泽，开垦荒野。他们建起了一个个大农场，将荒凉的"北大荒"（三江平原、黑龙江谷地及嫩江流域等地）变成了富饶的"北大仓"。

由于东北平原地广人稀，土地平坦肥沃，人们得以在这里建立起大量机械化大农场。今天的东北平原，已成为国家重要的粮食生产基地之一。除了传统的玉米、大豆等旱地农作物，如今，东北还种植着大面积的水稻，产出的优质大米运往全国各地，东北大米也成为东北平原上一张具有代表性的名片。不到 100 年的时间，东北便完成了从千里荒野到国家粮仓的华丽转身。

▶ 北大荒友谊农场／摄影 徐宏宇

什么是"闯关东"？

古人为防御敌人入侵，修建了横贯中国北方的万里长城。长城上会修建一些关口，供人们往来通行，如山海关、居庸关等。而从中原进入东北往往要通过位于河北省秦皇岛市的山海关。因为东北位于山海关以东，所以东北地区也被称为关东，又称关外。近代，从关内到关外（关东），发生了一场轰轰烈烈的人口大迁徙——闯关东。

为什么要"闯关东"？

1644年清兵入关，明朝灭亡，大量满族人从东北迁入关内。因连年战乱和满族人迁出，东北变得人烟稀少、土地荒芜。为了恢复生产、"充实根本"，清初曾鼓励关内居民移民东北，开垦荒地。但是清康熙年间起，为保护"龙兴之地"及解决旗人生计等，开始实施封禁政策，逐步限制，甚至禁止关内居民出关去东北垦荒种地。东北因此人烟稀少，边防空虚。相比之下，关内人口稠密、人多地少，频繁发生的水旱灾害等更是让华北地区居民的生活雪上加霜。特别是在晚清时期，接连发生的自然灾害、战乱等导致严重饥荒，民不聊生，大量百姓被迫逃生，地广人稀的东北成为移民的目的地之一。此外，北方的俄国于1858年和1860年先后强迫清政府签订了《瑷珲条约》和《中俄北京条约》，割让中国东北约100万平方千米的领土，并进一步威胁黑龙江以南的东北区域。

▶ 山海关老龙头／摄影 揣连海
山海关地势险要，是明长城东部的一个重要关口，扼守着华北到东北的交通要道，号称"天下第一关"。老龙头则位于渤海之滨，将万里长城牵入大海，宛如巨龙伸入海中。

▶ 闯关东路线示意图

哪些人"闯关东"？

面对内忧外患，清政府在 19 世纪 60 年代逐步解除东北开垦禁令，在此之前已经出现的移民潮如汹涌的洪水般迅速漫开。许多困苦的山东、河北、河南农民背井离乡，来到东北地区讨生活。其中山东人最多，他们要么从山东半岛渡海前往辽东，要么从山海关等地出关。到 1911 年，东北的人口已超过 1800 万。

"闯关东"对东北有什么影响？

随"闯关东"而来的大量移民，将东北的荒原开垦成农田，也建立起一个个城镇。他们还修建道路、开山采矿、建立工厂，在数十年里让东北的经济迅速恢复并发展。不仅如此，百折不挠的"闯关东"移民和他们的子孙，把关内文化、民俗等带到东北，让中华文明深深植根在这片富饶的土地上，守护着这片不可分割的白山黑水。

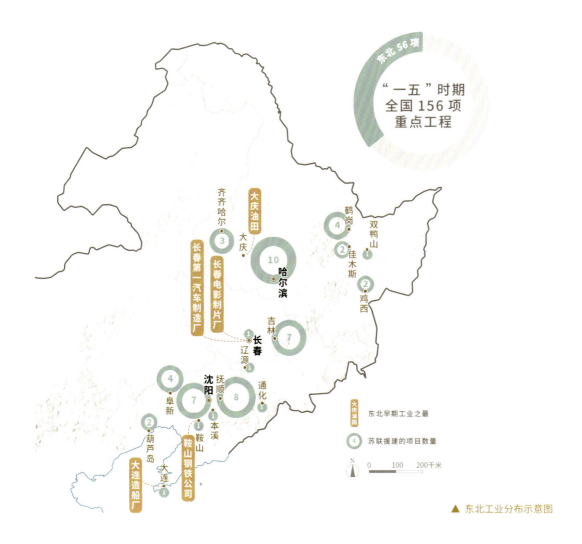

東北 56 项

"一五"时期
全国 156 项
重点工程

齐齐哈尔
· 大庆

大庆油田

长春第一汽车制造厂

长春电影制片厂

③

⑩
哈尔滨

鹤岗
④
双鸭山
①

佳木斯
②

鸡西
②

吉林
· 长春
①
· 辽源
①

⑦

沈阳
· 抚顺
· 通化
①

④
· 阜新

⑦
沈阳
· 本溪
①

⑧

②
葫芦岛

· 鞍山
· 大连
①

鞍山钢铁公司

大连造船厂

大庆油田 东北早期工业之最

④ 苏联援建的项目数量

N 0 100 200千米

▲ 东北工业分布示意图

　　当然，农业不是东北的全部。在新中国初期的"一五"计划期间（1953—1957 年），苏联向中国援建的一批重点工程（即"156 项重点工程"）中，在东北实施的重点工程就多达 56 项，约占总量的 1/3。

　　东北由此建成了完备的工业体系，创造出一项又一项"工业之最"：中国早期最大的钢铁联合企业——辽宁鞍山钢铁公司，其生产的钢铁被输送到新中国的各个建设前线，铸就了新中国最初的钢铁筋骨；新中国第一辆汽车——"解放"牌汽车，来自长春第一汽车厂，汽车厂内机器发出的轰隆声，成为新中国汽车工业响亮的首唱；中国第一艘万吨远洋货轮——"跃进号"，在辽宁大连造船厂建成下水，结束了我国不能建造大型船舶的历史……一项项第一，让东北成为支持全国工业建设的重要基地，因此东北被亲切地称为"共和国长子"。

不仅如此，在新中国第一个电影制片厂，即吉林长春的长春电影制片厂里，诞生了新中国第一部动画片《瓮中捉鳖》、第一部科教片《预防鼠疫》、第一部长故事片《桥》……在光影之间，长春电影制片厂留下了共和国最初的电影记忆，成为"新中国电影的摇篮"。

　　新中国第一个特大油田——黑龙江大庆油田的发现让中国甩掉了"贫油"的帽子。1960 年起，随着轰轰烈烈的"大庆石油会战"的开展，中国基本解决了石油自给的问题，中国自己生产的石油便在中国的汽车、机器中流淌……

　　发达的工业带动了城市的发展，让东北地区的城市化水平一度领先全国。在改革开放初期，东北就已经有 96% 的城市通铁路，是全国铁路网络密度最高的地区之一。据统计，1986 年东北地区人均社会总产值与人均国民收入，都接近全国平均水平的 1.5 倍，是全国经济最为发达的地区之一。

▼ 大庆油田／摄影 葛孝通
落日余晖，几台"磕头机"在作业。

东北的千里沃野，收获了无数粮食，养活了亿万人口。东北的矿产与重工业，输出大量能源、机械与人才，奠定了新中国的工业基础。

然而，如今的东北，面临着许多问题：农业开垦不合理，肥沃的黑土逐渐退化；森林面积减少，曾经的林海面临消失的困境；老工业衰落，新经济不强，人口逐渐流失……如何破解东北的难题，成为创造历史的东北人在走向未来时需要面对的问题。

▼ 位于辽宁辽阳的工厂／摄影 雁海
工厂林立，烟雾滚滚，一寸寸钢筋混凝土中透露着浓厚的工业气息。

　　山环水绕，林海茫茫，春夏草盛花漫，隆冬泼水成冰。千万年来，白山黑水滋养着无数生灵，造就了一片美丽富饶的土地；千年以前，从这里走出的人们策马奔腾，推动各民族的交流融合；百年以来，来到这里的人们垦荒建厂，夯实了新中国的经济基础。

　　这就是东北，广阔但不寂寥，寒冷但不荒凉，远离中心但并非默默无闻……

　　对这里豪放、直爽而乐观的人们而言，东北是他们永远的家乡，是他们改不了的乡音和放不下的乡愁。前路漫漫，道阻且长，未来的东北将会如何，我们拭目以待。

▲ 雪乡／摄影 王健宇

4 青岛

城市「颜值」提升记

翻腾的海浪，悠悠的白帆
异域的建筑，热闹的里院
繁茂的绿树，整洁的街道
生猛的海鲜，冰爽的啤酒
⋯⋯⋯⋯⋯

这就是青岛——
它年轻
充满朝气，充满活力
百年建城
让它成为黄海之滨的明珠
是什么
让青岛越来越美

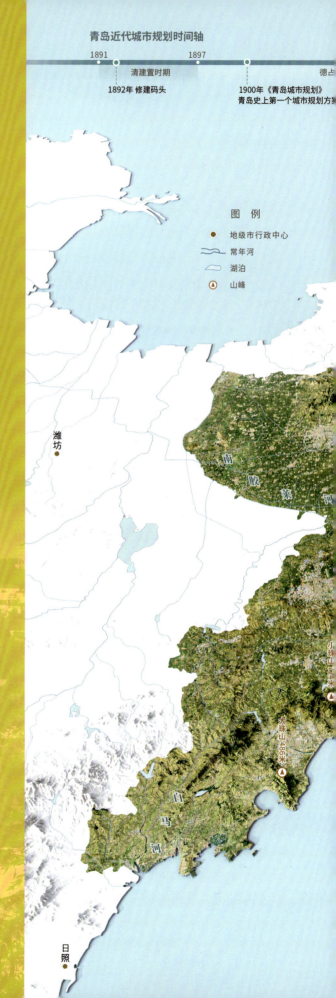

青岛近代城市规划时间轴

1891　　　　　　　　1897

清建置时期　　　　　　　　　　　　　德占

1892年 修建码头　　　　1900年《青岛城市规划》
　　　　　　　　　　青岛史上第一个城市规划方案

图　例
● 地级市行政中心
〰 常年河
◯ 湖泊
⊕ 山峰

潍坊

南胶莱河

龙珠山 486米

白马河

日照

1914　　　　1922　　　　1929　　　　1938　　　　1945　　　1949

第一次日占时期　　　北洋政府时期　　　南京国民政府时期　　　第二次日占时期　　解放战争时期

1910年《青岛市区扩张规划》　　　　　1935年《青岛市施行都市计划案（初稿）》　1939年《青岛特别市地方计划》　　　1949.6.2
　　　　　　　　　　　　　　　　第一部由中国人自主制定的青岛城市规划方案　《青岛特别市母市计划》　　　　青岛解放

▼ 青岛地形图／影像来源 星图地球今日影像

青岛位于中国山东半岛的东南部，南北两侧有山地，中间
地势较低，位于其东北部的崂山是区内最高峰，海拔达
1132.7 米。青岛东南面为黄海，西北侧为胶州湾，是一座
依山傍海、环境优美的宜居城市。

威海

烟台

芦芝水库

冰库

火

游

嵯峨温水库

崂山水库

崂山 1132.7米

青岛

州湾

田横岛

大管岛

大公岛

小石岛

岛

青岛

青岛城市文化地图

普济医院旧址

德国胶州邮政局旧址

天主教堂

青岛书房
（原安娜别墅）

胶澳总督府旧址

基督教堂

（原总督官邸）
迎宾馆

（原国立青岛大学）
中国海洋大学

天游园

海滨旅馆旧址

青岛水族馆

八大关别墅区

青岛火车站

享利王子路理发厅旧址

青岛栈桥

青岛湾

汇泉湾

东海大饭店

太平湾

黄

海

历 史 遗 址
火 车 站
商 业 区
铁　　　路
公　　　路

青岛位于山东半岛的东南部，濒临黄海，是中国北方最年轻的滨海城市之一。说它年轻，是因为青岛建立城市的历史只有 100 多年，这在千年古城扎堆的中国，实在太过短暂了。

100 多年前，列强环伺中国，肆意侵犯国土。列强侵略、外国商品倾销、封建社会腐朽、灾害频发、交通格局变迁、农民起义等一系列事件，让苏州、西安、开封等传统的大城市渐渐萧条、落寞。而同一时期，上海、天津、汉口等地开埠通商，经济升级，成为新兴的大城市。

▼ 青岛浮山湾／摄影 张霄
"碧海连天，红瓦绿树"早已成了青岛的代名词。

在这些城市中，青岛是一个十分独特的存在。它虽然没有大上海的繁华，但以精致优美的城市风貌著称于世。它仿佛有一种魔力，能让几乎每个在青岛居住过的文人都自觉地当起它的"代言人"。从康有为、蔡元培、郁达夫、闻一多，到老舍、沈从文、梁实秋、巴金，无不对青岛推崇备至。梁实秋说，在他去过的十几个省里，"真正令人流连不忍去的地方应推青岛"。

今天，青岛也是中国的热门旅游城市，众多游客前来度假，尽情享受这里的阳光沙滩、啤酒、海鲜……那青岛的美是从哪儿来的呢，它的城市美学是如何一步步升级的呢？

青岛

对青岛"一见钟情"的文人墨客

　　20世纪二三十年代的青岛，有着相对平稳的政治局势，报刊、书局、大学等的创设，为知识分子们提供了自由的创作空间以及良好的文化土壤。青岛吸引了来自五湖四海的人，这其中就包括许多文人学者。他们在这里兴办教育，专心学术，展开创作，留下了许多美好的回忆，也为青岛留下了深深的文化印记。

蔡元培

　　蔡元培是中国近代史上著名的教育家，曾担任北京大学校长，开中国大学学术自由、民主的风气之先。1903年，为了逃避清政府的追捕，蔡元培从上海逃出，来到了仍在德国统治下的青岛。此时的青岛，才刚刚开始城市建设，但这里秀丽的山海风光，给蔡元培留下了深刻的印象。他在这里也结交了许多德国人，并在1907年前往德国留学。

　　蔡元培曾为青岛的教育事业做出巨大贡献。1929年，山东打算重建山东大学，蔡元培极力主张将大学建在青岛。最终他的意见被采纳，国立青岛大学由此建立（1932年，国立青岛大学改名为国立山东大学）。除此之外，蔡元培及其他学者还建议成立中国海洋研究所，并在青岛建设水族馆。1932年，青岛水族馆建成，成为当时中国第一座也是唯一一座水族馆。

康有为

1917 年，广东人康有为第一次来到青岛。面对如此秀丽的景致，他写下了盛赞青岛的名句："青山绿树，碧海蓝天，中国第一。"从那时起，康有为就和青岛结下了不解之缘。

前半生为政治事业奔波劳碌的康有为，最终选择在青岛度过自己的晚年。他买下了前德国总督副官的住宅，并把自己的居所题名为"天游园"。"天游"出自先秦道家典籍《庄子》。青岛仿佛就是能够让他放任自然、逍遥自在的乐园。康有为在青岛度过了充实的晚年"退休"生活，他在自己的"天游园"中写书法、开博物馆、办展览、复兴儒学……1927 年，康有为在自己的居所逝世，并被埋葬在他所爱的这方绿树青山、碧海蓝天之下。

闻一多

1930 年，著名诗人、学者闻一多来到国立青岛大学任教，担任文学院院长。他写有《青岛》一文，描述了青岛的美丽风光，在他的笔下青岛春天群花竞放，夏季海滨热闹，无数的梧桐掩映着的建筑宛如仙宫，泱泱海水拍打海岸的声响犹如阵阵高歌……这里优美的生活环境，让闻一多感到安适。

在青岛任职的时间里，闻一多培养了许多文学青年。他十分重视发掘和培养年轻的新诗作者，这些文学青年中，最有名的当数著名诗人臧克家。臧克家在国立青岛大学的入学考试中，数学考了 0 分，国文却考了 98 分。他能够被国立青岛大学破格录取，就是因为闻一多看到了他在文学上的才华。在青岛大学任职的两年时间里，闻一多教书育人，兢兢业业，为青岛这座年轻美丽的海滨城市增添了文化记忆。

沈从文

　　1931年，已经小有名气的作家沈从文在国立青岛大学担任讲师。他住在青岛福山路3号的一座楼房里。在这里生活的时候，沈从文几乎每天清晨都会从福山路顺坡下去，来到太平角，走过花石楼，再回到住处，完成一早的散步。散步的过程，也是他每天构思的过程。

　　碧海蓝天之间，有红瓦绿树为伴，沈从文保持着旺盛的创作精力。他在青岛期间，共出版8部文学集，写有中短篇小说约40篇，长篇传记3部，还有多篇散文与文学评论集。沈从文的代表作《边城》，同样是在青岛完成构思的。他在《青岛游记》中写道："我一生读书消化力最强、工作最勤奋、想象力最丰富、创造力最旺盛，也即是在青岛海边这三年。"

老舍

　　1934年，作家老舍来到青岛，担任国立山东大学中文系教授。他在自己的文章里写道："在这以尘沙为雾、以风暴为潮的北国里，青岛是颗绿珠，好似偶然地放在那黄色地图的边儿上……在海边的微风里，看高远深碧的天上飞着雁字，真能使人暂时忘了一切，即使欲有所思，大概也只有赞美青岛吧。"

　　老舍在青岛生活时，不仅仅受到校园里的青年学生的欢迎，连很多青岛市民也非常喜欢他。他的演讲，除了在校的学生踊跃参加外，还会吸引来公务员、商店店员等生活在青岛的人们。热情的青岛人，也给老舍带来了许多回忆。这些回忆，也为老舍的文学创作带来了诸多灵感。老舍的代表作《骆驼祥子》，也是在青岛时创作的。

　　除了这几位文人，曾经来到青岛的文人学者还有巴金、郁达夫、梁实秋……他们无不惊叹于它的美丽，它的迷人。青岛的城市之美，也就深深地烙印在诸多近现代文学作品之中。这些作品，可以说是青岛城市美学最好的注脚。

青岛能拥有优美的城市景观，成为近代城市的明珠，与它独特的地理环境是分不开的。

青岛位于山东半岛东南部，面朝黄海，视野开阔。碧海蓝天之间，滔滔浪声让人沉醉。青岛的海岸线弯弯曲曲，它有着数量众多的海湾，其中最大的海湾是胶州湾。胶州湾和黄海一起环抱青岛主城，实现了青岛与海洋最大程度的亲密接触。

不过，如果青岛只有海，风景就太单调了。青岛的另一大特色，是有山。大泽山脉向南延伸，在青岛点缀出崂山、浮山、大珠山、小珠山等高低不一的山峰。这些凸起的山峰，大大增加了青岛的立体感。其中海拔 300 多米的浮山，如同一块翡翠镶嵌在青岛市区之中，成为青岛的"城市之肺"。浮山以东，则是中国大陆海岸线第一高峰、海拔 1132.7 米的道教名山——崂山，大雾起时，一片云海苍茫，如梦如幻，宛若仙境，"崂山道士"的故事也一代代地流传下来。

起伏的山地蜿蜒入海，山海相接之处，常常形成惊涛拍岸的景观。海浪与岩石的激烈碰撞，造就了各种形状奇特的海蚀柱、海蚀崖等海蚀地貌。远离海岸的地方，还有大公岛、小公岛、小石岛等一座座小岛。它们被绿色的树木铺满，仿佛一块块遗世独立的绿宝石。而随着四季的变化，海岛上的植物由绿变黄、变红，绿宝石也变成了黄宝石、红宝石。

碧海、青山、小岛、绿树，拥有如此优美山海景观的青岛，可谓"天生丽质"！

▼ 青岛浮山／摄影 张霄

▲ 竹岔岛／摄影 卢晖

岛上植物郁郁葱葱，宛如蔚蓝的海面上镶嵌了一块绿宝石。

什么是海蚀地貌？

我们站在海岸边，就能感受到海浪拍打岩石的巨大力量。不管是海浪还是洋流，都会破坏海岸边的岩石，而海水挟带的砂石也同样会撞击、破坏海岸。以海浪、洋流为主的力量，使海岸岩石不断崩裂瓦解，最终形成各种各样的地貌，这就是海蚀地貌。

海水的巨大力量会让比较脆弱的岩石逐渐退缩，形成海湾，相对坚硬的则突出成为岬角。深入海中的岬角两侧都会受到海水的侵蚀，有时会形成"海蚀拱桥"。当海水进一步冲击时，海蚀拱桥的"桥面"就会崩塌断开，只剩下残存的桥墩——"海蚀柱"。在青岛的海岸边上，曾经有一处著名的景观——石老人，正是典型的海蚀柱。它中间的石块崩落，形成了一个空洞，远远望去，就像一个老人端坐在碧蓝的大海上，眺望落日、青山、飞鸟。而由于多年风化和海水侵蚀，石老人海蚀柱上半部分发生了自然坍塌。这个青岛的标志性自然景观或许将永远留在人们的影像和记忆之中。

海水的持续冲击可以让海岸底部基岩后退，形成陡峭的"海蚀崖"。其中抗蚀力弱或有裂隙的地方更容易被侵蚀，从而形成"海蚀洞穴"。海蚀洞穴进一步加深扩宽就变成了与海面平行的"海蚀凹槽"。而当凹槽上部的岩石崩塌掉落时，就会形成新的海蚀崖，开始新一轮的海蚀过程。另外，岩石崩塌掉落后，原来凹槽的底部就会形成略向海洋倾斜的一片平地，这就是"海蚀平台"。

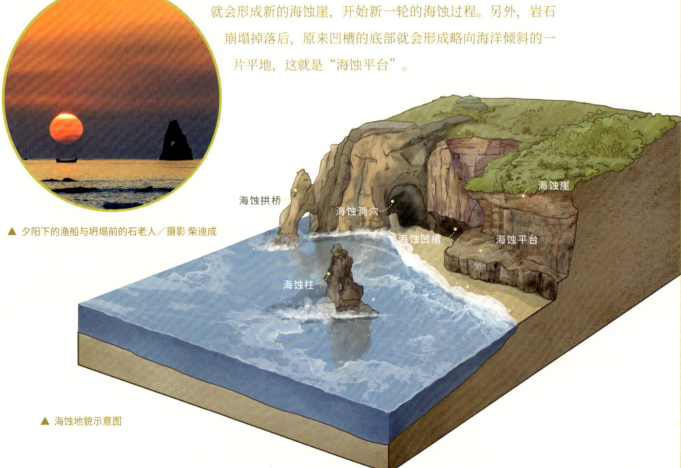

▲ 夕阳下的渔船与坍塌前的石老人／摄影 柴迪成

▲ 海蚀地貌示意图

天生丽质的青岛，就像一块等待被雕琢的美玉，而它的雕琢者，正是人类。

古代的青岛人以海为家，以捕鱼为生。明朝时期，在如今青岛市市南区的范围内逐渐建立起了上青岛村、下青岛村、会前村、小泥洼村、小湛山村、大湛山村等村庄。明万历年间，当时还处在即墨县管辖下的青岛获准通商，一时间海运兴盛，闽、浙、苏、淮等地的商人络绎不绝。

清朝末年，当"海防派"的李鸿章考察完当时被称为"胶澳"的青岛之后，认为青岛是海上防御的关键。清政府随即派兵驻扎青岛，并修建了总兵衙门、炮台、栈桥等军事防御工程。同时，大大小小的街道以及几十家商铺相继出现。

处于萌芽状态的青岛，开始登上历史舞台。但此时的青岛只是一个军事重镇，它巨大的潜力还未被充分认识和发挥。

▼ 海边依山而建的小渔村／摄影 柴迪成
这里是渔民们赖以为生、世代栖居的家园，他们以渔为生，日复一日地出海打鱼是他们的劳作方式。

青岛

一座栈桥的前世今生

青岛栈桥是青岛的标志之一，前往青岛的旅客往往都会去栈桥上转一转，感受迎面扑来的海风和海水的味道。这座栈桥的历史，是青岛近代历史的缩影。

1892年，为巩固海防，清政府派兵驻扎青岛，为了给驻守士兵提供粮食以及其他物资，在青岛海湾修建了一座简易的码头，这就是如今栈桥的雏形。1897年德国强占胶州湾，次年，德军强行租占青岛，在原来的基础上对栈桥进行了扩建和加固，后来还在栈桥上修建轻便的铁轨，方便运送货物。栈桥成了各地商人和货物运输的中转站。

不过，栈桥作为码头的历史并不长。1904年，胶州湾东岸的大港开港，栈桥码头的功能渐渐转移。但栈桥很快就成为青岛的城市标志。国民政府收回青岛主权后，重建了栈桥，将桥身从最初的200米延长至440米。在桥南端修建了一座中式亭阁"回澜阁"。栈桥原来的军事用途逐渐减弱，转变为青岛的标志性建筑和风景游览地。

如今，到了青岛旅游旺季，桥面宽敞的栈桥上依然游人如织，它就像一条长龙伸向海中央，回望着曾经经历的岁月。

▼ 栈桥／摄影 许宏

第一次发掘青岛潜力的是德国人。

清朝末年，西方列强的坚船利炮从海上而来，试图打开清朝紧闭的国门，开埠通商。他们在上海、天津、广州等城市先后划定租界。青岛也难以幸免地被西方列强之一的德国盯上了。

当时的英国、法国等早已在中国划设了大量租界。刚刚统一不久的德国，错过了列强瓜分世界的黄金时期。不过，国内经济的迅速增长让德国迫切希望向全世界展现自己的实力，参与瓜分世界。

而促使德国选择青岛的，是德国的一个地理学家——李希霍芬。他是"丝绸之路"这一概念的提出者，曾在中国实地考察数年。他看出了青岛的潜力——青岛地理位置和港口条件优越，通过修建铁路，可以成为通往华北数省的海上门户，为德国后续运输物资，甚至向华北内陆扩张打下基础。回国后，他便极力向德国政府提议：要想在中国发展壮大德国势力，就必须先占领青岛。

青岛就是在这种情况下进入了德国人的视线。它的地理条件确实优越，拥有优良的港口可以停靠船只，又可建设铁路深入华北。同时不像上海那样，需要和其他列强共享势力范围；也不像天津那样，已经有太多的城市基础。尚未大规模开发的青岛更像一张白纸，可以任由德国人规划蓝图。

1897 年 11 月 14 日，德国借山东"巨野教案"出兵攻占胶州湾，无能的清军几乎毫无抵抗就将青岛"拱手相让"。

改变青岛命运的"风雨"：
"巨野教案"

都说，山雨欲来风满楼。曾经就有一场"风雨"，成为改变青岛命运的"导火索"。

1885 年，德国传教士来到山东省巨野县（今菏泽市巨野县）进行传教。然而，传教士们并不像他们自我标榜的那样平和、博爱。他们仗势欺人、无恶不作，当地百姓对此怨声载道，但只能忍气吞声。

时间到了 1897 年，当地民众和教会的矛盾日益激化。11 月 1 日晚上，巨野县的一个民间组织决定奋起反击。他们万目睚（yá）眦（zì），拿着大刀冲进了城东的一座教堂，把两个在沉睡中的传教士杀死了。这就是著名的"巨野教案"。

事件发生后，德国政府不悲反喜。因为他们早就觊觎胶州湾这一天然良港，而"巨野教案"的爆发让他们找到了占领胶州湾的"黄金机遇"。14 日，德军以"巨野教案"为借口，占领了胶州湾，青岛就此落到了德国人的手中。

红瓦绿树

第3幕

1898 年，青岛正式沦为德国的租借地，一块璞玉摆在了德国人的面前。在开工建设之前，他们对青岛进行了一次彻底的土地勘察，并完成了青岛史上第一份城市规划。

不仅如此，严谨的德国人甚至通过立法，对城市中的所有行政、宗教、住宅等建筑做了详细的规定。比如房屋的高度必须控制在 18 米以下，楼层最高只能到 3 层；相邻的建筑之间，间距为 3 米，有窗户时则为 4 米；等等。而其中一项规定对青岛的影响更为直观，那就是建筑外形不能重复。这一规定直接促成各种风格各异、形式多样的建筑在青岛落地。

▼ 1905 年青岛城市地图

青岛城市地图

0   250   500米

① 德国警察署旧址
② 德国领事馆旧址
③ 德国第二海军营部大楼旧址
④ 欧人监狱旧址
⑤ 德华银行旧址
⑥ 总督府童子学堂旧址
⑦ 青岛书房（原安娜别墅）
⑧ 德国胶州邮政局旧址
⑨ 亨利王子路理发厅旧址
⑩ 水师饭店旧址
⑪ 亨利王子饭店旧址

小港

水库

政府山

信号山

青岛火车站

青岛栈桥

青岛湾

▲ 总督府旧址／摄影 王恺
总督府位于青岛市市南区沂水路 11 号，1906 年落成，为德国胶澳总督办公楼。1949—1994 年，为青岛市人民政府办公楼。现在这里是青岛市人大常委会和青岛市政协的办公场所。1996 年被列为全国重点文物保护单位。

▶ 航拍总督府旧址及周围街道／摄影 许宏
中央方形建筑南半部为总督府旧址，北半部为新中国成立后以同样风格新建的建筑。从航拍图中可以清楚看到前方广场周围的六条道路。

　　完成一系列"纸上功夫"之后，德国人期待已久的"完美"之城即将破土动工。
　　行政中心总督府的建设是重中之重。殖民政府专门从德国聘请建筑设计师和专业技术工人进行设计和施工。总督府建在面朝大海的半山腰处，整座建筑四平八稳，六条放射状的道路在前方的广场交会，烘托出它的中心地位。当时最新式的钢铁结构被运用其中，而为了保证质量，总督府所用到的钢材、本地无法生产的其他建筑材料、机械设备等，都从德国运过来。就连总督本人都会在下班后亲自监工，甚至登上脚手架检查施工的质量，决不允许出一点差错，可见当时德国人的重视程度。

工作场所庄严大气，总督生活起居的地方同样非常考究。总督官邸是当时青岛最豪华的建筑之一，融合了欧洲不同建筑派别的风格。装饰上，花岗岩外墙搭配红色屋顶，再加上周围植被的烘托，整个建筑显得很有灵气，从不同的季节、不同的角度看，都呈现出别样的景致。新中国成立后，总督官邸成了青岛迎接重要客人的地方，改称为迎宾馆。1957年毛泽东来青岛时，就曾在这里入住。

除此之外，青岛还有许多不同风格的欧式建筑，它们把欧洲风情带到了这个新兴的东方滨海城市。比如拥有钟塔楼的基督教堂、端庄典雅的海滨旅馆、亨利王子路理发厅、胶州邮政局、安娜别墅等等。它们造型独特而精致，建筑用色更与中国传统建筑不一样。墙面常用的颜色包括粉红、粉黄、亮绿等等，屋顶则多为鲜亮的红色，这些色彩斑斓的建筑聚在一起，让行走其中的人们仿佛闯进了一个童话王国。

▼ 总督官邸／摄影 王恺
绿树环绕的总督官邸位于青岛市市南区信号山南麓，1907年落成，为德国胶澳总督所建官邸。1996年被列为全国重点文物保护单位。

▲（上左）基督教堂／摄影 张霄
基督教堂建于 1908—1910 年，位于青岛市市南区江苏路 15 号居民区附近的小山坡上，符合当时德国人对理想花园城市的规划。2006 年被列为全国重点文物保护单位。

▲（上右）亨利王子路理发厅旧址／摄影 王恺
亨利王子路理发厅于 1905 年建成，与德国胶州邮政局隔路相望。理发厅所在位置为当时的商业核心区，如今百年岁月已过，这里依旧繁华如初。

▲（下左）海滨旅馆旧址／摄影 王恺
海滨旅馆旧址位于青岛市市南区南海路 23 号，建于 1903—1904 年。1912 年，孙中山在青岛停留时曾入住该旅馆。2006 年被列为全国重点文物保护单位。

▲（下右）德国胶州邮政局旧址／摄影 王恺
德国胶州邮政局于 1901 年建成，与亨利王子路理发厅隔路相望，后被改为邮政博物馆。

德国人还十分注重园林城市的建设，不遗余力地从各地引入了法国梧桐、银杏、槐树等树木来美化城市环境。建筑之间、道路两侧，绿色植物穿插种植，映衬着高低错落的建筑群，可谓红瓦绿树、碧海蓝天。

在德国人的建设经营下，青岛的城市格局和风貌基本成形了。此时的青岛，已经不再是一个普通的小渔村或是单调的军事重镇，而是一个个性鲜明、享誉全国的美丽城市，成为各大城市学习的典范。

野蛮生长

第 4 幕

　　1914 年，在德国人"苦心"经营青岛 17 年后，第一次世界大战爆发，日本对德宣战，并从德国人手中夺走了觊觎已久的青岛。日本对青岛的经营风格与德国截然不同。日本人更多的是急功近利地进行野蛮开发和资源掠夺，并将几万名日本人移民到青岛，以期全面控制青岛的工商业。

　　相比德国人对"模范殖民地"的规划，日本人还是更多地关注如何在这里兴建工厂，榨取青岛乃至整个山东的资源。随着大量工业区的建立，青岛市区的规模比德国占领时期扩大了 3 倍。但是，这一时期的建筑质量和外形设计水平也出现了显著的下降。例如，在当时日本人聚居区建设的普济医院，就是日本占领时期的代表建筑之一，它的外形虽然有经过设计的痕迹，但仍然显得美感不足。

　　1918 年"一战"结束，作为战胜国的中国却无法收回对青岛的控制权。在巴黎和会上，列强决定将青岛转交给日本。巴黎和会的外交失败，让中国青年认识到了现实的残酷，"五四运动"因此爆发，"誓死力争，还我青岛"的口号响彻全国。历经坎坷，北洋政府终于在 1922 年收回了青岛的主权。但是，此后数年，军阀混战的中国没有多余的力气顾及青岛的发展，乱局之中，青岛的城市建设一落千丈。

▼ 普济医院／摄影 张霄

建成于 1919 年，为日占时期日本当局在青岛建立的一所综合性医院，与青岛其他建筑类似，都建有塔楼，但整体仍带有明显的日本建筑风格。

"誓死力争，还我青岛！"

1914 年，第一次世界大战的爆发让日本有机可乘，攻占了德国所控制的青岛。有着独占中国野心的日本变本加厉，逼迫北洋政府签下了一份不平等的条款——"二十一条"。"二十一条"包括将德国在山东的一切权益交给日本、日本在山东保有筑路和通商权等内容，是日本帝国主义企图灭亡中国的秘密条款。

1919 年，在"一战"结束后的巴黎和会上，中国代表提出了废除"二十一条"和收回山东主权的要求。然而，这一合理的要求却遭到了和会的拒绝。列强甚至公然将战前德国侵占的山东半岛，以及那里的铁路、矿产、海底电缆等权益，通通转让给日本。

这个消息传到国内，引发了中国人民的强烈抗议，并在 1919 年 5 月 4 日爆发了轰轰烈烈的"五四运动"。当天，3000 多名学生在北京街头游行示威，他们群情激愤，高喊"誓死力争，还我青岛""外争主权，内除国贼"的口号。

面对巨大舆论压力，北洋政府拒绝在和会上签字。国内反日抗争的爱国情绪也因"五四运动"的爆发而火速高涨，蔓延至全国各地。1921 年末到 1922 年初，列强再次召开会议。在英美的介入下，中日之间最终达成协议。1922 年 12 月，被日本占领 8 年之久的青岛终于回到祖国的怀抱。

如今，雕塑《五月的风》矗立在青岛的五四广场上。鲜红的颜色和螺旋上升、如腾空而起的劲风造型，诠释了爱国主义者蓬勃向上的赤子之心。面朝浮山湾的《五月的风》已经成为青岛的城市名片。

▼ 青岛五四广场／摄影 张霄
五四广场建于 1996 年，为纪念"五四运动"而命名，广场上红色的标志性建筑为雕塑《五月的风》。

倒退与止步不前的日子是漫长的，青岛城市美学的第二次提升，要等到10余年后才来临。1931年，驻防青岛的海军将领沈鸿烈被任命为青岛市市长，逐渐远离战火的青岛迎来了新生。这一次，决定青岛城市形象的主导权，掌控在中国人自己的手中。

现在青岛的著名景点——八大关别墅群，正是在这一时期达到建设的顶峰。之所以叫作"八大关"，是因为这里于20世纪30年代形成的"三纵七横"道路体系中，有八条（后来增加到十条）以中国著名的关隘命名。"七横"自南向北分别为：山海关路、居庸关路、临淮关路、正阳关路、函谷关路、嘉峪关路、武胜关路；"三纵"自西向东分别为：韶关路、宁武关路、紫荆关路。

八大关所在地，正是20世纪30年代初期青岛政府划定的"特别规定建筑地"，处于荣成路以东、湛山大路（今香港西路）以南、太平湾以北的区域。这里的建筑必须遵循保护绿地、采用透空围墙、建筑密度低于50%等青岛政府颁布的建筑规定。当时青岛市政府还成立了一个建筑审美委员会，专门负责市容市貌。委员会会对优秀的设计进行奖励，而对不符合青岛风貌的建筑一律禁止。

汇泉湾

何思源故居

公主楼

元帅楼

蝴蝶楼

王正廷故居

关

正

居

路

海

山

关

太平湾

在这样的规划下，八大关这一带不仅吸引了国内许多民族资本家、政府要员、建筑师等来这里兴建别墅，还有来自其他国家的商人、外交官、医生等来此居住。这里的建筑以二三层独立式庭院别墅为主，各个建筑风格迥异，公园与庭院结合是八大关的特色。例如坐落在海岸礁石之上的花石楼，融合了哥特式、古希腊及古罗马建筑的特色，是八大关一带的标志性建筑。除此之外，还有山海关路的日式庭院、美式宅邸，居庸关路上的丹麦小楼等，法国、意大利、西班牙、俄国、丹麦等二十多个国家的建筑风格汇聚于此，异彩纷呈。

　　除了充满异国风情的建筑，八大关的花卉和树种也是精心筛选的，与精美的别墅相互衬托。八大关里的每条道路都有专属行道树：春天到韶关路看碧桃，夏天到正阳关路看紫薇，秋天到居庸关路看五角枫，冬天到紫荆关路看雪松，一年四季，美不胜收。

▲ "八大关别墅群"示意图

除了"八大关"，1934年建成的圣弥爱尔大教堂也是这一时期的优秀代表。它高56米，拥有双塔楼结构。由于它鹤立鸡群的高度，人们总能从不同街道、不同角度看到它，因而它也是青岛老城最为醒目的建筑之一。有时，你在道路上无意间一抬头，就看到万绿丛中的它，露着"尖尖小角"；有时，你登上老城之巅，俯瞰整座青岛城时，又能看到它的双塔傲然挺立。实际上，圣弥爱尔大教堂在城市中的布局，采用了中国园林里常用的"对景"手法，建筑和街道两相辉映，产生一种奇妙的视觉美感。这种西式建筑加上中式布局的手法，堪称中西结合的优秀案例。

不过建筑设计好看也罢，不好看也罢，毕竟只是一个城市的外观。城市的灵魂，在于其中的居民。中国人管理下的青岛，更加关注城市居民的需求。他们在每个院落设置水龙头、公共厕所等，满足人们的生活需要。也是在这个时候，一种融合西方商住式楼房和中式四合院风格的建筑大规模地发展起来，这种建筑被叫作"里院"。

里院临街而建，它的建筑布局由城市街道走向决定，向内围合成不同的形状，有口字形、目字形、三角形、五边形等等。整个里院建筑仿佛是一圈"围楼"，楼房就像是一面面高墙坐落四周，将院子合围在中间。里院一般是两到四层，一层主要是小商铺，二层及以上为住宅，这样的结构可以容纳更多人居住。生活在一个院子的人们，共同分享着一方天地。可以想象，当年在这狭小的里院中，有多少人怀揣着自己的"青岛梦"。如今，里院成为青岛独具特色的民居建筑，它和北京四合院、上海弄堂、福建土楼一样，承载着当地的独特记忆与文化。里院中的一砖一瓦，都记录着青岛走过的百年历史，也成为一代又一代老青岛人最具温情的记忆。

▲ 雪后的圣弥爱尔大教堂／摄影 邢浩

▼ 远眺圣弥爱尔大教堂／摄影 张霄

▼ 俯瞰圣弥爱尔大教堂／摄影 芦迪

新的开始

第6幕

到了 1935 年，成就颇丰的青岛市政府，规划了一条从青岛经新疆直通欧洲的铁路，可谓雄心壮志！然而规划还没来得及实施，抗日战争就全面爆发，日本侵略者再次占领了青岛。抗战胜利后紧接着是解放战争，在一次又一次的动荡中，青岛的城市建设陷入停滞。

但停滞只是暂时的，发展才是永恒的命题。新中国成立后，城市归于人民，人口日益增多。随着工程技术的进步，人类对自然的改造能力迅速提高。人们开动机器，削山填谷、填海造地。金融、信息等新兴产业的发展，也对城市建筑有了新的要求——这些资金、技术、人才密集的产业，往往需要更大规模、更现代化的建筑。这些全新的变化，让青岛的城市建设跳出了之前的发展脉络。红瓦绿树、错落有致的城市景观成为过去，高楼林立、紧凑致密的现代化大都市逐渐向人们走来。

▼ 沐浴在晨光之中的青岛湾／摄影 张霄

当然，高楼林立的青岛，并没有像很多城市那样，陷入千篇一律的"水泥森林"之中，它依旧拥有非常突出的青岛特色。青岛的海湾曲线非常优美，大湾与小湾首尾相连，连绵不绝。城市建筑群依海岸而建，与大海交融穿插。并且，滨海建筑布局从低到高有次序地排列，建筑层次分明，这让高楼与海岸的对比并不突兀，反而十分赏心悦目。

除了海岸，青岛的山也为城市的天际线增添一道道优美的线条。城市中密集的高楼建筑群并没有连成一片，矗立的山峰总是能打破楼群组成的"帷幕"，这让林立的高楼在构成壮观景色的同时，又给了城市空间喘息的机会。夜色之中，整个青岛璀璨的灯光刺破弥漫山间的薄雾，让城市的景色更加瑰丽。而在雾浓之时，整个城市完全隐没在雾气之中。偶尔露出的一片灯光璀璨的楼宇，向人们透露了在这厚雾之下，有一个热火朝天、日新月异的青岛的存在。自然的鬼斧神工与人类的大刀阔斧，就这样在山与楼之间寻求着巧妙的平衡。

当然，新的城市风貌快速崛起，并不意味着极具特色的老城就要消失。新城与老城之间，虽有冲突，但更多的是融合与共存。就这样，山、海、老建筑、新高楼共同构成了一个新青岛。

青岛

年轻青岛的特色产业

美丽的青岛不仅仅拥有独特的城市美学，还拥有诸多特色的产业。从啤酒到帆船运动，从电影到高速列车，这些特色产业凝聚了青岛人百年来的智慧，展示着青岛别样的魅力。

啤酒与狂欢节："啤酒之都"

在青岛，最出名的"特产"，当数有着百年历史的青岛啤酒。甘甜的崂山矿泉水与优质的小麦相结合，让青岛产出了品质极佳的啤酒。一个

属于青岛的啤酒狂欢——青岛国际啤酒节，也在此基础上发展了起来。

青岛啤酒节每年8月举办，此时正值青岛旅游旺季，平均超过300万的游客会加入这个为期16天的全城狂欢当中。目前青岛国际啤酒节已经成为亚洲最大、世界第二大啤酒节。节日期间，花车巡游、啤酒品饮、文艺表演、饮酒大赛、啤酒展览等活动让人目不暇接。来参加活动的青岛市民以及国内外游客个个开怀畅饮，兴高采烈，

▲ 奥帆中心灯塔／摄影 刘中

无不沉浸在这个热闹非凡的狂欢之旅当中。青岛国际啤酒节俨然成为青岛最亮丽的城市名片之一。

碧海上的白帆："帆船之都"

　　除了啤酒和狂欢节，青岛还拥有年轻又充满活力的"运动基因"。曲折的海岸线、宽广的海域、宜人的气候，给青岛发展帆船、帆板、赛艇等海上运动提供了良好的自然条件，帆船运动是其中的佼佼者。青岛有着"帆船之都"的称号，

早在 1904 年，就有帆船比赛在青岛举行。2008年北京奥运会，青岛承办了其中的帆船项目，更是让青岛的帆船运动家喻户晓。

　　如今，这项来自西方的运动也走进了寻常百姓家。"帆船运动进校园"等活动让更多的青少年接触到这项运动，来到青岛的游客也能够体验到这项运动的独特魅力。一个个白色的风帆船点缀在碧蓝色的海面上，承载着青岛百年的"蓝色之梦"，扬帆起航。

胶片光影之间：世界"电影之都"

美丽的海滨风光，迷人又充满历史底蕴的八大关，临海而立的崂山，以及浓厚的人文底蕴，让青岛成为电影拍摄的"天然摄影棚"。早在电影刚刚诞生的时代，青岛就成为电影拍摄的场地。1898 年，德国人在青岛拍摄了一部反映青岛市民日常生活的纪录短片。1907 年，青岛水兵俱乐部开始放映电影，这是中国境内现存最早的商业电影院。

在城市景观优美，又与电影结缘甚早的青岛，电影业十分兴盛。如今，每年平均会有超过 200 个剧组来青岛拍摄。除此之外，中国电影表演艺术学会主办的"金凤凰奖"也永久落户青岛。2017 年，联合国教科文组织授予青岛"世界电影之都"的称号。"青岛出品""青岛创意"成为这座城市在大银幕上的新名片。

老工业的新活力：青岛四方机厂

在德国殖民者占领青岛时期，为了攫取在山东的利益，他们开始修建连接山东青岛与济南的胶济铁路。与此同时，他们还在青岛四方村建立了铁路工厂。新中国成立以后，铁路工厂改建为机车制造工厂，取得了新中国一个又一个工业成就。例如，1952年第一台国产蒸汽机车在四方机厂成功制造，结束了中国不能制造机车的历史；从1966年开始，四方机厂又从制造蒸汽机车转变为制造内燃机车，技术接近当时的世界先进水平。四方机厂也被誉为"共和国机车车辆的摇篮"。

当然，四方机厂不仅仅有辉煌的历史，还有创造了奇迹的现在：如今在四方机厂的基础上建立的中车四方公司，在动车制造上处于行业领先地位。中国第一列时速200千米的高速动车组、第一列时速300千米的高速动车组、第一列时速380千米的高速动车组等都诞生于此。在这里制造的高速动车组如今奔驰在京沪、京广等高速铁路上，甚至创造了时速486.1千米的世界铁路运营试验最高速度的纪录。2021年7月20日，由中车四方公司研制的世界首套时速达600千米的高速磁浮交通系统从山东青岛正式下线。未来，人们坐上这趟列车，只需约2.5小时，便能从北京到达上海。拥有悠久历史的四方机厂，正在为中国铁路事业贡献着更大的力量。

▲ 青岛东方影都星光岛全景／摄影 赵淑平

东方影都影视产业园坐落在青岛西海岸新区，于2018年建成。这里有着国际顶级的摄影棚，《流浪地球》《独行月球》等众多影视作品曾在这里取景拍摄。

尾声 第7幕

从最早的德国建筑，到之后的日本建筑、万国建筑，再加上现代化的高楼大厦，多种多样的建筑风格如今共存于青岛。它们共同凝固了青岛的百年历史，铺就了青岛城市美学的晋级之路。

时至今日"红瓦绿树，碧海蓝天"，青岛的城市美学仍在延续。而青岛各色产业的蓬勃发展，更是为青岛的未来描绘着美好的图景。随着经济的发展，我们有理由相信，青岛的城市美学还将迎来属于新时代的新升级！

▲ 平流雾中的青岛浮山／摄影 张霄

参考文献

1 西安：鲜活的古城

[1]《中国古代历史地图集》编辑组 . 中国古代历史地图集 [M]. 沈阳 : 辽宁人民出版社，1984.

[2]《中国河湖大典》编纂委员会 . 中国河湖大典 黄河卷 [M]. 北京 : 中国水利水电出版社，2014.

[3] 巴陵 . 丝绸之路上的味道 [M]. 成都 : 电子科技大学出版社，2018.

[4] 曹兴中，田鹏 . 万法唯识：唯识宗及其祖庭 [M]. 西安 : 西安电子科技大学出版社，2017.

[5] 陈春红，张玉坤 . 论中国长城的天文学特征 [J]. 同济大学学报：社会科学版 ,2011，22(5):42-47，56.

[6] 陈喜波 . "法天象地"原则与古城规划 [J]. 文博 ,2000(4):15-19.

[7] 杜秀荣，唐建军 . 中国地图集 [M].2 版 . 北京 : 中国地图出版社，2011.

[8] 龚国强，何岁利，李春林 . 西安市唐长安城大明宫丹凤门遗址的发掘 [J]. 考古 ,2006(7):39-49，107-108.

[9] 国家地图集编纂委员会 . 中华人民共和国国家历史地图集：第一册 [M]. 北京 : 中国地图出版社，2012.

[10] 贺从容 . 古都西安 [M]. 北京 : 清华大学出版社，2012.

[11] 何孟春，甘志国 . "泾渭分明"的四种解读 [J]. 中学地理教学参考 ,2018(3):72.

[12] 侯杨方 . 丝绸之路地理信息系统 [Z/OL].[2021-09-10].http://silkroad.fudan.edu.cn.

[13] 黄留珠 . 西安通史：全 4 册 [M]. 西安 : 陕西人民出版社，2016.

[14] 黄正建 . 走进日常：唐代社会生活考论 [M]. 上海 : 中西书局，2016.

[15] 李海明 . "泾渭分明"考辨 [J]. 西安文理学院学报：社会科学版 ,2015，18(1):30-34.

[16] 李令福 . 隋大兴城的兴建及其对原隰地形的利用 [J]. 陕西师范大学学报：哲学社会科学版 ,2004(1):43-48.

[17] 妹尾达彦 . 长安的都市规划 [M]. 高兵兵，译 . 西安 : 三秦出版社，2012.

[18] 陕西师范大学地理系 . 西安市地理志 [M]. 西安 : 陕西人民出版社，1988.

[19] 尚民杰 . 隋唐长安城的设计思想与隋唐政治 [J]. 人文杂志 ,1991(1):90-94.

[20] 史念海 . 龙首原和隋唐长安城 [J]. 中国历史地理论丛 ,1999(4):1-20，249.

[21] 石田干之助 . 长安之春 [M]. 北京 : 清华大学出版社，2015.

[22] 宿白 . 隋唐长安城和洛阳城 [J]. 考古 ,1978(6):409-425，401.

[23] 王建国 . 西安历史地理略论 [M]. 西安 : 陕西师范大学出版总社有限公司，2018.

[24] 王京，雁丁 . 北京的鼓楼和钟楼 [J]. 建筑工人 ,1999(12):48.

[25] 吴宏岐 . 西安历史地理研究 [M]. 西安 : 西安地图出版社，2006.

[26] 西安市地方志编纂委员会 . 西安市志：第 1 卷 [M]. 西安 : 西安出版社，1996.

[27] 九界 . 中国佛教文化简明辞典 [M]. 北京 : 世界图书出版公司北京公司，2014.

[28] 徐斌 . 秦咸阳—汉长安象天法地规划思想与方法研究 [D]. 北京 : 清华大学，2014.

[29] 薛爱华 . 撒马尔罕的金桃：唐代舶来品研究 [M]. 北京 : 社会科学文献出版社，2016.

[30] 薛凤旋 . 中国城市及其文明的演变 [M].2 版 . 北京 : 世界图书出版公司北京公司，2015.

[31] 杨鸿勋 . 杨鸿勋建筑考古学论文集：增订版 [M]. 北京：清华大学出版社，2008.

[32] 张之恒 . 中国考古通论 [M]. 南京：南京大学出版社，2009.

[33] 郑毅 . 钟鼓楼与古代报时 [J]. 紫禁城 ,1997(1):48.

[34] 中国科学院考古研究所，陕西省西安半坡博物馆 . 西安半坡：原始氏族公社聚落遗址 [M]. 北京：文物出版社，1963.

[35] 朱士光，吴宏岐 . 西安的历史变迁与发展 [M]. 西安：西安出版社，2003.

[36] 朱祖希 . 美丽陕西 [M]. 北京：蓝天出版社，2015.

2 河南：造山、造水、造中华

[1] 陈长文 . 龙门石窟 [M]. 长春：吉林出版集团有限责任公司，2010.

[2] 程有为，王天奖 . 河南通史 [M]. 郑州：河南人民出版社，2005.

[3] 丁一平 .1953—1966 工业移民与洛阳城市的社会变迁 [D]. 石家庄：河北师范大学，2007.

[4] 丁一平 .“一五”计划与洛阳工业基地建设 [J]. 当代中国史研究 ,2017，24(2):27-36.

[5] 杜金鹏 . 玉华流映：殷墟妇好墓出土玉器 [M]. 北京：中国书店，2017.

[6] 杜秀荣，唐建军 . 中国地图集 [M].2 版 . 北京：中国地图出版社，2011.

[7] 傅伯星 . 大宋衣冠：图说宋人服饰 [M]. 上海：上海古籍出版社，2016.

[8] 国家铁路局 . 中长期铁路网规划 [Z/OL].（2016-07-21）[2019-1-31]. https://www.ndrc.gov.cn/xxgk/zcfb/ghwb/201607/W020190905497828820842.pdf.

[9] 国家铁路局 . 中欧班列建设发展规划（2016—2020 年）[Z/OL].（2016-10-19）[2021-06-10].https://www.ndrc.gov.cn/xxgk/zcfb/ghwb/201610/P020190905497847973697.pdf.

[10] 韩芳 . 北宋东京休闲娱乐活动研究——以《东京梦华录》为中心 [D]. 开封：河南大学，2012.

[11] 韩江苏，江林昌 .《殷本纪》订补与商史人物徵 [M]. 北京：中国社会科学出版社，2010.

[12] 郝鹏展 . 论近代以来郑州的城市规划与城市发展 [D]. 西安：陕西师范大学，2006.

[13] 河南省地方史志编纂委员会 . 河南省志 · 公路交通志 内河航运志 [M]. 郑州：河南人民出版社，1991.

[14] 河南省地理信息公共服务平台 . 河南省标准地图 [CM/OL].[2021-06-10].http://henan.tianditu.gov.cn/standardMap.

[15] 河南省地质矿产局 . 河南省区域地质志 [M]. 北京：地质出版社，1989.

[16] 河南省统计局，国家统计局河南调查总队 . 河南六十年 1949 ～ 2009[M]. 北京：中国统计出版社，2009.

[17] 胡悌云，侯志英 . 当代河南简史 [M]. 北京：当代中国出版社，1999.

[18] 开封市地方志编纂委员会 . 开封市志（第一册）[M]. 郑州：中州古籍出版社，1996.

[19] 孔德铭 . 殷墟都城规划布局及对中国古代城市建设的影响 [J]. 殷都学刊 ,2011(4):14-17.

[20] 李道苏 . 河南纺织工业发展简史 [M]. 西安：陕西旅游出版社，2000.

[21] 李敏，李醇西 . 中国人的养鸟与赏鸟 [M]. 成都：四川科学技术出版社，2012.

[22] 梁淑芬 . 北宋东京勾栏瓦子研究 [D]. 开封 : 河南大学，2009.

[23] 刘佳 . 话说甲骨文 [M]. 济南 : 山东友谊出版社，2009.

[24] 洛阳市地方史志编委会 . 洛阳市志：1991～2000[M]. 郑州 : 中州古籍出版社，2006.

[25] 马欢欢 . 北宋开封娱乐业研究 [D]. 武汉 : 华中师范大学，2012.

[26] 毛德富 . 百年记忆：河南文史资料大系 [M]. 郑州 : 中州古籍出版社，2014.

[27] 孟文龙 . 北宋东京城的夜市——以《东京梦华录》为中心的研究 [J]. 黑龙江史志 ,2014(9):329-330.

[28] 孟元老 . 东京梦华录 [M]. 北京 : 中国书店出版社，2019.

[29] 任崇岳 . 中原移民简史 [M]. 郑州 : 河南人民出版社，2018.

[30] 石破 . 郑州棉纺业的四个年代 [J]. 南风窗 ,2005(16):40-44.

[31] 苏林 . 河南社会发展与变迁 [M]. 郑州 : 河南人民出版社，2009.

[32] 孙建国 . 现代河南经济史 [M]. 郑州 : 河南大学出版社，2012.

[33] 孙刘伟 . 北宋东京饮食文化研究 [D]. 郑州 : 郑州大学，2019.

[34] 孙跃杰 . 洛阳 156 工业遗产群历史研究与价值剖析 [D]. 天津 : 天津大学，2016.

[35] 唐兰 . 中国文字学 [M]. 上海 : 上海古籍出版社，2005.

[36] 汤晓莉 . 郑州市经济转型研究 [D]. 开封 : 河南大学，2011.

[37] 王欣 . 中国古代石窟 [M]. 北京 : 中国商业出版社，2015.

[38] 谢钧祥 . 华人祖根大半在河南 [J]. 中州学刊 ,2000(2):118-122.

[39] 杨菲 . 郑州城市规划与市政建设的历史考察（1908—1954）[D]. 郑州 : 郑州大学，2011.

[40] 杨景春 , 李有利 . 地貌学原理 [M]. 北京 : 北京大学出版社，2005.

[41] 曾克峰 . 地貌学教程 [M]. 武汉 : 中国地质大学出版社有限责任公司，2013.

[42] 张兰生 . 中国古地理 [M]. 北京 : 科学出版社，2012.

[43] 张玲 . 铁路与郑州城市地理变迁（1904—1954）[D]. 天津 : 天津师范大学，2014.

[44] 中国国家博物馆 ."后母戊"青铜方鼎 [Z/OL].[2020-06-11]. http://www.chnmuseum.cn/zp/zpml/kgdjp/202008/t20200824_247255.shtml.

[45] 中国社会科学院考古研究所 . 殷墟妇好墓 [M]. 北京 : 文物出版社，1980.

[46] 周宝珠 .《清明上河图》与清明上河学 [M]. 开封 : 河南大学出版社，1997.

[47] 周世全 , 赵树林 , 王保湘 . 中国南阳恐龙蛋 [M]. 武汉 : 中国地质大学出版社，2005.

[48] 邹逸麟 , 张修桂 . 中国历史自然地理 [M]. 北京 : 科学出版社，2013.

3 东北：冰与火之歌

[1] 杜秀荣 , 唐建军 . 中国地图集 [M].2 版 . 北京 : 中国地图出版社，2011.

[2] 范立君 . 近代关内移民与中国东北社会变迁（1860～1931）[M]. 北京 : 人民出版社，2007.

[3] 高文德 . 中国少数民族史大辞典 [M]. 长春 : 吉林教育出版社，1995.

[4] 葛剑雄 . 古今之变 [M]. 北京 : 九州出版社，2018.

[5] 国家统计局 . 国家数据 [DB/OL].[2021-04-19].http://data.stats.gov.cn/.

[6] 姜维公 . 中国东北民族史：全 3 册 [M]. 长春 : 吉林文史出版社，2014.

[7] 李德洙，王宏刚 . 中国民族百科全书：12: 满族、朝鲜族、锡伯族、赫哲族卷 [M]. 西安 : 世界图书出版西安有限公司，2015.

[8] 李德洙，云峰 . 中国民族百科全书 :4: 蒙古族、达斡尔族、鄂温克族、鄂伦春族卷 [M]. 西安 : 世界图书出版西安有限公司，2015.

[9] 李祯 . 东北地区自然地理 [M]. 北京 : 高等教育出版社，1993.

[10] 刘丙万，贾竞波 . 驼鹿 [M]. 哈尔滨 : 东北林业大学出版社，2011.

[11] 马平安 . 近代东北移民研究 [M]. 济南 : 齐鲁书社，2009.

[12] 农业大词典编辑委员会 . 农业大词典 [M]. 北京 : 中国农业出版社，1998.

[13] 朴仁珠，张明海 . 貂熊 [M]. 哈尔滨 : 东北林业大学出版社，2000.

[14] 施成熙 . 中国湖泊概论 [M]. 北京 : 科学出版社，1989.

[15] 石建国 . 从开埠设厂到"共和国长子" [M]. 北京 : 中国人民大学出版社，2016.

[16] 孙海义 . 东北虎 [M]. 哈尔滨 : 东北林业大学出版社，2011.

[17] 谭其骧 . 中国历史地图集 [M]. 北京 : 中国地图出版社，1982.

[18] 佟冬 . 中国东北史 [M]. 长春 : 吉林文史出版社，2006.

[19] 万冬梅 . 国家生态保护丛书 国家保护动物卷 [M]. 北京 : 北京联合出版公司，2015.

[20] 王静爱，左伟 . 中国地理图集 [M]. 北京 : 中国地图出版社，2010.

[21] 王苏民，窦鸿身 . 中国湖泊志 [M]. 北京 : 科学出版社，1998.

[22] 杨帆，栾雪，姜广顺，等 . 东北虎 孤独的王者 [J]. 森林与人类 ,2017(8):18-29.

[23] 张子祯 . 长白山地理系统研究：第 1 辑 [M].2 版 . 长春 : 东北师范大学出版社，2015.

[24] 郑度 . 中国自然地理总论 [M]. 北京 : 科学出版社，2015.

[25] 郑芷青，梅甸初，钟尔琳 . 世界自然地理地图集 [M]. 北京 : 星球地图出版社，2009.

[26] 中国野生动物保护协会 . 中国哺乳动物图鉴 [M]. 郑州 : 河南科学技术出版社，2005.

[27] 邹旭东，张飞民，王澄海，等 . 我国东北地区冬季降水和东亚冬季风的关系研究 [J]. 冰川冻土 ,2013，35(6):1454-1461.

4 青岛：城市"颜值"提升记

[1] 常晓峰 . 帆船文化与运动 [M]. 青岛 : 中国海洋大学出版社，2017.

[2] 陈黛君 . 德占时期青岛城市规划的特色 [J]. 科技视界 ,2012(28):325-326.

[3] 杜秀荣，唐建军 . 中国地图集 [M].2 版 . 北京 : 中国地图出版社，2011.

[4] 科技日报 . 世界首套！我国时速 600 公里高速磁浮交通系统下线 [Z/OL]. （2021-07-20）[2021-08-14]. https://baijiahao.baidu.com/s?id=1705794443834293448&wfr=spider&for=pc.

[5] 李百浩，李彩 . 青岛近代城市规划历史研究 (1891 ～ 1949)[J]. 城市规划学刊 ,2005(6):81-86.

[6] 李东泉 . 近代青岛城市规划与城市发展关系的历史研究及启示 [J]. 中国历史地理论丛 ,2007，22(2):125-136.

[7] 李东泉 . 青岛城市规划与城市发展研究（1897—1937）——兼论现代城市规划在中国近代的产生与发展 [M]. 北京 : 中国建筑工业出版社，2012.

[8] 李东泉，徐飞鹏.青岛城市发展史上的三次飞跃——兼论城市规划与城市发展的关系 [J].城市规划汇刊,2003(1):37-44,95.

[9] 刘敏.青岛历史文化名城价值评价与文化生态保护更新 [D].重庆：重庆大学，2003.

[10] 鲁海.作家与青岛 [M].青岛：青岛出版社，2016.

[11] 鲁海，黄默.名人与青岛 [M].青岛：青岛出版社，2016.

[12] 马珂.德占时期以来青岛城市规划思想演变研究 (1897—1949)[D].西安：西安建筑科技大学，2009.

[13] 青岛市市南区史志办公室，青岛市市南区档案局.市南年鉴 2017[M].青岛：中国海洋大学出版社，2017.

[14] 青岛市史志办公室.青岛市志·人物志 [M].北京：五洲传播出版社，2002.

[15] 青岛市史志办公室.青岛市志·自然地理志：气象志 [M].北京：新华出版社，1997.

[16] 青岛市史志办公室，青岛市建设委员会.青岛优秀建筑志 [M].青岛：青岛出版社，2006.

[17] 山东省地方史志编纂委员会.山东省志·外事志 [M].济南：山东人民出版社，1998.

[18] 盛立芳，梁卫芳，王丹，等.海洋气象条件变化对青岛平流雾过程的影响分析 [J].中国海洋大学学报：自然科学版,2010,40(6):1-10.

[19] 舒良树.普通地质学 [M].3 版.北京：地质出版社，2010.

[20] 谭文婧.德占时期青岛城市规划思想之特色研究 [J].科技信息,2009(21):164-165.

[21] 托尔斯藤·华纳.近代青岛的城市规划与建设 [M].青岛市档案馆，译.南京：东南大学出版社，2011.

[22] 王景强.全球创意城市网络研究 [M].济南：山东科学技术出版社，2018.

[23] 张耀辉.康有为晚年青岛交游考 [J].中国书法,2019(2):60-64.

[24] 中国城市轨道交通年度报告课题组.中国城市轨道交通年度报告 2015[M].北京：北京交通大学出版社，2016.

[25] 周海波.青岛文艺评论选辑 [M].青岛：中国海洋大学出版社，2017.